काली बर्फ़

मीरा कान्त

वाणी प्रकाशन ग्रुप | भारतीय ज्ञानपीठ

वाणी प्रकाशन : भारतीय ज्ञानपीठ की पुस्तकों के एकमात्र प्रकाशक एवं वितरक

पहला संस्करण : 2024
दूसरा संस्करण : 2025

वाणी प्रकाशन : भारतीय ज्ञानपीठ की पुस्तकों के एकमात्र प्रकाशक एवं वितरक

वाणी प्रकाशन

4695, 21-ए, दरियागंज, नयी दिल्ली-110 002
दूरभाष : 011-23273167, 23275710
ईमेल : sales@vaniprakashan.in
www.vaniprakashan.com

ISBN : 978-93-5775-510-8

मूल्य : ₹ 225

काली बर्फ़

(नाटक)

मीरा कान्त

KALI BARF
(Play)
by Meera Kant

मुद्रक : आर. टेक ऑफ़सेट प्रिंटर्स, दिल्ली-110 032

पुनः समर्पित तुम्हें

नाटक 'काली बर्फ़' अब नाट्य त्रयी 'कंधे पर बैठा था शाप' के साये से निकल कर अपनी अलग पहचान बना रहा है—यह निस्संदेह प्रसन्नता का विषय है। इस नाटक के केन्द्र में आतंकवाद से उपजा विस्थापन और उसका दर्द है जो आज विश्व की एक विकराल समस्या है। दुनियाभर में करोड़ों लोग विस्थापित हैं और यह अमानवीय स्थिति लगातार अपने पाँव पसारती जा रही है।

आज लगभग दो दशक बाद भी यह नाटक अपनी प्रासंगिकता की ज़मीन पर मज़बूती से खड़ा है। यह उन स्थितियों का नाटक है जिसमें कश्मीर बेबस आँखों के सामने दम तोड़ती जीवन-संस्कृति है, घायल अस्मिता है। इसमें अपनी जड़ों से उखड़ने का दर्द ढोते परिवार हैं तो घाटी में आतंकवाद के साये में डरी -सहमी-मजबूर ज़िन्दगी जीते लोग भी हैं। अपनी समग्रता में जो सामाजिक, भौगोलिक, सांस्कृतिक जीवन और मनोजगत की तबाही है। मगर साथ ही मन में एक ऐसा ख़ुशनुमा अतीत है, कश्मीरियत है जिससे उम्मीद और सम्भावनाओं के सपने बराबर बने रहते हैं।

प्रत्येक कृति की अपनी एक रचनात्मक यात्रा होती है। सृजन की संवेदना या विचार के बीज का अपनी मिट्टी में पलकें खोलना ही इस यात्रा की शुरुआत है। 'काली बर्फ़' के संदर्भ में यही कहा जा सकता है कि सर्वप्रथम इस नाटक का प्रकाशन जनवरी-मार्च 2004 में 'पश्यन्ती' पत्रिका में हुआ था। अगले वर्ष यानी फ़रवरी 2005 में श्री मुश्ताक काक के निर्देशन में इसे श्रीराम सेंटर, दिल्ली के रंगमंडल ने मंचित किया। रंगमंडल ने इसकी आठ सफल प्रस्तुतियाँ दीं।

वर्ष 2006 में 'काली बर्फ़' भारतीय ज्ञानपीठ प्रकाशन से प्रकाशित नाट्य त्रयी 'कंधे पर बैठा था शाप' का हिस्सा बना। कुछ वर्ष बाद यानी 2011 में जम्मू-कश्मीर राज्य के कश्मीर दूरदर्शन (डी.डी. कश्मीर) पर यह तेरह कड़ियों के धारावाहिक के रूप में प्रसारित हुआ। देश के कुछ विश्वविद्यालयों

व महाविद्यालयों के पाठ्यक्रम में सम्मिलित होने के बाद अब यह नाटक अपनी एक अलग अस्मिता के साथ पुन: प्रकाशित हो रहा है।

इस नाटक को नाट्य त्रयी से इतर प्रकाशित करने का सुझाव वाणी प्रकाशन के प्रकाशक और प्रबंध निदेशक श्री अरुण माहेश्वरी का था। उनका मानना है कि त्रयी की छाया से निकल कर ही यह नाटक अपनी एक अलग छवि बनायेगा और पाठकों को आसानी से उपलब्ध भी हो पायेगा। इसके लिए माहेश्वरी जी के प्रति आभार व्यक्त करती हूँ।

कोई भी रचना प्रकाशित व मंचित होने के बाद वस्तुत: अपने पाठकों व दर्शकों की धरोहर होती है। इस मायने में 'काली बर्फ़' भी अब पाठकों व दर्शकों का ही नाटक है जो एक नये उत्साह और भिन्न कलेवर के साथ उन्हीं को पुन: समर्पित है।

—मीरा कांत

अक्टूबर 2023

डायस्पोरा का दर्द

नाटक 'काली बर्फ़' कश्मीर की उस कथा की एक बूँद मात्र है जो आज वहाँ के जन-जन में व्यथा बनकर बह रही है और उसी व्यथा के सरोवर में खिल रहे हैं कमल-दल आशा और विश्वास के। कश्मीरी भाषा में 'काली बर्फ़' (क्रुहुन शीन) एक मुहावरा है जिसका अर्थ है अनहोनी, जो कभी नहीं होती। यह नाटक कश्मीर के समसामयिक यथार्थ को प्रस्तुत कर सही मायने में यही स्थापित करता है कि बर्फ़ काली नहीं हुई यानी विस्थापित कश्मीरियों ने लौटने की आस नहीं छोड़ी है। बर्फ़ का यह दूर से दिखने वाला कालापन ऊपर से उँडेला गया रंग है, सत्प्रयासों की बारिश से निकट भविष्य में जिसके धुल जाने की उम्मीद का सपना हर कश्मीरी के दिल में बसता है।

यह नाटक एक ऐसे विस्थापित परिवार की कहानी है जो आतंकवाद से उपजे हालात की वजह से अपनी जड़ों से उखड़ गया है। पंडित श्रीकंठ वौखलू (टाठा जी) और उनकी बेटी शारिका विस्थापन की वजह से एक डायस्पोरा का जीवन व्यतीत करने के लिए मजबूर हैं, पर उससे भी अधिक शक्तिशाली है उनके मन के कोने में साँस लेती, अपनी ज़मीन पर लौटने की उनकी आशा-आकांक्षा। अपनी मिट्टी से जुदा होने की पीड़ा के साथ श्रीकंठ वौखलू घाटी के आतंकवाद में अपने बेटे-बहू को खोने का दुःख भी झेल रहे हैं। शारिका ने अपने जीवन की धुरी यानी अपने मंगेतर चमन को खोया है। कुल मिलाकर उन्हें भावात्मक सहारा देने वाले कन्धे अब नहीं रहे हैं। फिर भी घाटी के हालात सुधरने और घर लौटने की उम्मीद को वे बराबर सहलाते हैं, दुलारते हैं। उनके पारिवारिक मित्र डॉ. नसीरुद्दीन डार वादी लौट रहे हैं, क्योंकि उनके परिवार को आतंकित करनेवाला गुल्ला पुलिस के हाथों मारा जा चुका है। यह घटना शारिका की लौटने की आस को सहारा देती है और यह उम्मीद खिलाती है कि जल्द ही उनका गुल्ला भी मरेगा, गुल्ला जो आतंकवाद और असत् का प्रतीत है।

आतंकवाद की वजह से निष्कासन और विस्थापन को दिखाते हुए नाटक इस बात की स्थापना करता है कि यथार्थ की खाइयाँ कितनी भी गहरी और जटिल क्यों न हों सत्प्रयासों और उम्मीद के सहारे पार की जा सकती हैं। जो विस्थापन का दर्द भीतर टीस की तरह कसकता है वह अपनी ज़मीन पर अपने लोगों का साथ पाते ही आराम पा जाएगा।

'काली बर्फ़' आज और अधिक प्रासंगिक हो गया है। क्षेत्रीय व राष्ट्रीय स्तर पर चल रहे शान्तिपूर्ण सह-अस्तित्व के प्रयासों ने इसे और अधिक अर्थपूर्ण बना दिया है। यह शान्तिपूर्ण सह-अस्तित्व सदा से ही कश्मीरियत का मूल मन्त्र भी रहा है।

इस नाटक में कश्मीर के अवाम का दर्द है, उनकी छोटी-छोटी खुशियाँ हैं, तो उनके आँसू भी हैं। उनके अतीत की स्मृतियाँ, आज की वीरान ज़िन्दगी है तो उनकी आँखों में चमकता भविष्य का सपना भी है। नाटक में कश्मीर के हालात को मानवतावादी दृष्टिकोण से देखने-समझने का प्रयास किया गया है। 'काली बर्फ़' को जन-जन तक पहुँचाने् के उद्देश्य से इसके संवादों में विशेष सन्तुलन बनाते हुए बोलचाल की भाषा का प्रयोग किया गया है जिसमें जगह-जगह घाटी की केसर की खुशबू समाई हुई है। उससे कहीं अधिक छाया है नाटक में उस कश्मीरियत का दर्द जो आज डायस्पोरा बन रही है।

मीरा कांत

पात्र-परिचय

पंडित श्रीकंठ वौखलू : आयु लगभग 65 वर्ष। सेवानिवृत्त सरकारी अधिकारी। घर के मुखिया जिन्हें सब प्यार से टाठा जी कहते हैं। शान्त, उदार, कोमल स्वभाव।

शारिका : आयु लगभग 21 वर्ष। टाठा जी की छोटी बेटी। संवेदनशील व आशावादी व्यक्तित्व।

शिबन : आयु लगभग 25 वर्ष। टाठा जी का बेटा। बेरोज़गार। स्वभाव में तल्खी।

गोशा : आयु लगभग 8 वर्ष। टाठा जी का अनाथ पोता।

रूपा : आयु लगभग 30 वर्ष। टाठा जी की बड़ी विवाहिता बेटी और राज की पत्नी।

राज : आयु लगभग 35 वर्ष। रूपा का पति और टाठा जी का दामाद। श्रीनगर में लकड़ी का फर्नीचर बनाने वाले कारखाने का मालिक, पर आजकल बेरोज़गार।

डॉ. नसीर : आयु लगभग 45 वर्ष। पूरा नाम डॉ. नसीरुद्दीन डार। पेशे से डॉक्टर। राज के पड़ोसी व दोस्त।

मुश्ताक : आयु लगभग 35 वर्ष। राज का दोस्त और शुभचिन्तक।

चमन : आयु लगभग 22 वर्ष। शिबन का दोस्त व श्रीनगर में उसका सहपाठी। शारिका का अन्तरंग मित्र व मँगेतर।

सुहैल : आयु लगभग 18 वर्ष। श्रीनगर में वौखलू परिवार का पड़ोसी और रूपा का सहपाठी।

गुल्ला : आयु लगभग 20 वर्ष। डॉ. नसीर के घर बचपन से पला उनका नौकर, जो बाद में जंगजुओं में शामिल हो गया।

चायवाला लड़का

देश-काल

आतंकवाद के कारण श्रीनगर से विस्थापन के बाद आज के दिल्ली शहर की पृष्ठभूमि और अतीत की स्मृतियों में छाया श्रीनगर का भौगोलिक-सांस्कृतिक परिवेश।

दृश्य एक

[दिल्ली महानगर की किसी उच्च मध्यवर्गीय कॉलोनी में एक बड़े से मकान का छोटा-सा कमरा। कमरे के साथ लगी रसोई। रसोई का दरवाज़ा कमरे में खुलता है। एक अन्य दरवाज़ा है जो कमरे से बाहर अर्थात् मकान से भी बाहर ले जाता है। मकान के शेष कमरों में ताले लगे हैं। मकान लगभग सुनसान-सा ही है। इस कमरे में पंडित श्रीकंठ वौखलू का परिवार श्रीनगर से विस्थापन के बाद कई महीनों से टिका हुआ है। कुछ मायनों में यह उनका ईंट-पत्थरों से बना एक सम्मानजनक शिविर ही है।

सर्दियों का मौसम है और सुबह का समय। मंच पर प्रकाश के साथ जो कमरा प्रकट होता है वहीं पंडित श्रीकंठ वौखलू अपनी बेटी शारिका, बेटे शिबन और पोते गोशा के साथ रहते हैं। प्रकाश कमरे की स्थितियों से परिचय कराता है। कमरे में एक ओर पलंग है। सामने कुछ कुर्सियाँ। दीवार की कीलों पर बेतहाशा कपड़े टँगे हैं। कपड़ों के लिए अलग से एक ओर एक रस्सी भी बाँधी गयी है। उस पर भी काफी कपड़े टँगे हैं। एक कोने में कुछ ट्रंक व अटैचियाँ रखी हैं। कमरा खचाखच भरे होने का आभास देता है। पलंग पर गोशा के दादा जी पंडित श्रीकंठ वौखलू बैठे हैं। इन्हें सब टाठा जी कहते हैं। वे अखबार पढ़ रहे हैं। कमरे में टेपरिकॉर्डर पर एक कश्मीरी गीत चल रहा है।]

टाठा जी : *(अखबार से नज़र उठाकर)* शारिका...शारिका...

शारिका : *(हाथ पोंछते हुए रसोई से आती है)* जी, टाठा जी।

टाठा जी : अरे भई ज़रा ये टेप बन्द कर दे।

शारिका : टेप? क्यों टाठा जी? ये तो कश्मीरी गीत है...

टाठा जी : हाँ-हाँ कश्मीरी गीत है...बन्द कर दे तू। *(शारिका टेप बन्द कर देती है और रसोई में लौट जाती है। टाठा जी अखबार बन्द करते हैं। फिर दुःख के साथ स्वगत)* कश्मीरी गीत!

हंह...अब क्या सुनूँ इन गीतों को! इनका एक-एक शब्द ज़हन में वही पुराने हालात ताज़ा कर देता है। ऐसा लगता है...आज भी सब आँखों के सामने से गुज़र रहा है।

शारिका : *(भीतर से पुकार कर)* टाठा जी आप तैयार हो जाइए...वर्ना देर हो जाएगी।

टाठा जी : *(चौंककर)* हाँ-हाँ होता हूँ तैयार...पर जिसे स्कूल पहुँचाना है वो कहाँ है? कितना वक्त लगाता है ये तैयार होने में!

शारिका : *(कहवा लेकर आते हुए)* वो भी आता ही होगा...*(पुकारकर)* गोशा...गोशा...जल्दी बाहर आओ...

गोशा : *(भीतर से)* आ रहा हूँ...दिद्दा!

शारिका : *(टाठा जी से)* आपका कहवा।

(टाठा जी उठकर तैयार होने लगते हैं।)

टाठा जी : आज शिबन को भी देर हो गयी।

शारिका : हाँ अब तक तो आ जाता है पर आज...

टाठा जी : ज़रूर कोई अखबार देर से छपकर आया होगा...भटक रहा होगा यहाँ के गली-कूचों में बेचारा...किस्मत! किस्मत साथ देती तो आज डॉक्टर होता। अपने भाग्य की रेखाएँ हम पढ़ पाते तो उसी हिसाब से चलते!

शारिका : *(कहवा मेज़ पर रखकर)* आप कहवा लीजिए।

टाठा जी : हाँ-हाँ लेता हूँ...

शारिका : बहना की कोई चिट्ठी नहीं आई। सोचती हूँ आज दोपहर में बाज़ार जाकर उसे फोन करूँ।

टाठा जी : हाँ भई जिगरी की तबीयत का हाल भी ज़रूर ले लेना...ज़िन्दगी की सबसे बड़ी बीमारी तो ये बुढ़ापा ही है। उनकी भी उम्र हो गयी है। *(कहीं खोकर)* ऐसे में अपना शहर छोड़ना...जैसे प्राण इस देह को छोड़ते हैं। ओह!

(ठिठुरते हुए गोशा का प्रवेश।)

गोशा : ऊ...कितनी ठंड है! मज़ा आ गया।

शारिका : तूने नहाया या सिर्फ मुँह धोकर आ गया?

गोशा : *(अकड़कर अभिनय करके)* शेरों के भी कोई मुँह धुलते हैं क्या? *(फिर ठिठुरते हुए)* दिद्दा आज ज़्यादा ठंड है न?

शारिका : अच्छा है कि कुछ ठंड है...वर्ना नौ महीने तो गर्मी ही सहनी

पड़ती है यहाँ।

(टाठा जी एक पैर में जुर्राब पहन चुके हैं। दूसरे पैर की जुर्राब आस-पास ढूँढ़ रहे हैं।)

गोशा : अभी देखना टाठा जी बाहर जाते ही मेरी नाक बर्फ़ हो जाएगी...ठंडी बर्फ़...*(रुककर कुछ सोचता है)* अच्छा टाठा जी ये बताइए हम पैरों में मोज़े पहनते हैं, हाथों में दस्ताने फिर बेचारी नाक को ठंड से बचाने के लिए कुछ क्यों नहीं पहनते?

(टाठा जी उसकी बात सुन अचानक ठहरकर उसे देखते हैं, फिर हल्का-सा मुस्करा देते हैं।)

शारिका : अच्छा-अच्छा तैयार हो जल्दी...तेरी नाक के लिए भी एक कवर बुन दूँगी मैं अब...*(चिढ़ाने के भाव से)* लाल रंग का बुनूँगी...बन्दर कहीं का!

(गोशा खूब ज़ोर-से हँसता है।)

टाठा जी कहवा ठंडा हो रहा है।

टाठा जी : *(व्यस्तता व परेशानी के भाव लिए हुए)* लेता हूँ अभी ज़रा मैं...

शारिका : क्या हुआ टाठा जी?

गोशा : दिद्दा, टाठा जी कुछ ढूँढ़ रहे हैं...*(खुश होकर)* अच्छा है मैं फर्स्ट आ गया...वो तो तैयार भी नहीं हुए। *(स्वयं से)* रोज़ मुझे हरा देते थे।

टाठा जी : *(गोशा को उत्साहित करने के भाव के साथ)* हाँ भई गोशा तो फर्स्ट आ ही गया आज...*(परेशानी बनी हुई है)* मगर मेरा जुर्राब...

गोशा : पहना तो है।

टाठा जी : मगर दूसरे पाँव का...अभी तो था यहाँ...क्या हो गया है...अरे अभी तो यहाँ रखा था।

(टाठा जी के साथ शारिका भी ढूँढ़ने लगती है।)

शारिका : आप कहवा लीजिए ठंडा हो जाएगा...मैं देखती हूँ।

टाठा जी : कहवा अब आकर पीऊँगा...देर हो गयी...ओह ये जुर्राब...*(खीझकर)* चलो जाने दो...एक दिन बिना जुर्राब के भी तो जाया जा सकता है।

शारिका : *(ढूँढ़ते हुए)* मगर वह गया कहाँ?

(टाठा जी बिना जुर्राब के जूता पहनने का मन बना चुके हैं इसलिए पहना हुआ जुर्राब उतारते हैं। वे पाते हैं कि उन्होंने दोनों जुर्राब एक ही पैर में पहन लिये थे। अब एक उतरा हुआ जुर्राब उनके हाथ में है और दूसरा पैर में पहना हुआ है। यह देख गोशा खिलखिलाकर हँसता है।)

गोशा : दिद्दा, जुर्राब! हा हा हा...

टाठा जी : *(कुछ हैरान कुछ झेंपे हुए से)* अरे...ये कैसे!

(वे तेज़ी से पाँव का जुर्राब निकालते हैं। जूतों में पाँव डालते हैं और दरवाज़े की ओर चल पड़ते हैं।)

(गोशा से) चलो भई देर हो गयी...बस्ता उठाया?...अब हँसना क्या, बुढ़ापे के लक्षण हैं ये...*(शारिका की ओर देखकर)* अब और क्या कह कर आएगा बुढ़ापा!

(शारिका उन्हें देख मुस्करा देती है, पर मुस्कान में उदासी का भाव भी मिला हुआ है। वह गोशा को बस्ता पकड़ा कर उसके सिर पर प्यार से हाथ फेरती है। गोशा टाठा जी के पीछे-पीछे निकल जाता है। शारिका आगे बढ़कर दरवाज़ा बन्द करती है मगर चटखनी नहीं लगाती। मुड़कर कमरे की ओर मुख करती है तो पता चलता है कि वह उदास है। धीरे-धीरे वह पलंग की ओर आती है। वहाँ बिखरे कपड़े उठाकर उन्हें तह करने लगती है। तभी उसके हाथ में वह जुर्राब आता है जिसे देख उसकी आँखों में आँसू भर आते हैं।)

शारिका : *(स्वगत)* क्या सिर्फ बुढ़ापे के लक्षण हैं ये? नहीं...सिर्फ बुढ़ापा नहीं है ये। क्या थे पंडित श्रीकंठ वौखलू! एक ज़िन्दादिल और खुशमिज़ाज इन्सान...सरकारी महकमे में पटवारी...सेबों के पुश्तैनी बागों के मालिक...जिसने ज़िन्दगी को अपनी शर्तों पर जिया। आज इस परदेस से शहर में, इन अजनबी चार दीवारों में रह रहे हैं अपने बचे-खुचे परिवार के साथ...आह ये दिन भी देखने थे!

(शारिका का दु:ख गहरा जाता है। वह भारी कदमों से चलती हुई मंच पर बहुत आगे आ जाती है। मंच पर पीछे स्क्रीन पर एक चिनार के पेड़ की छाया उभरती है। आगे आ गयी शारिका की परछाईं भी प्रकाश-संयोजन द्वारा ठीक उसके पीछे चिनार के पेड़ की परछाईं की ओर जाती हुई लम्बी-सी हो जाती है। एक ओर गिरे हुए चिनार के तने पर बैठती है। मंच पर रखा चिनार का तना प्रतीक है अतीत की स्मृतियों का। नाटक में जब कभी किसी पात्र को अतीत की स्मृतियाँ घेरने लगेंगी वह पात्र इस चिनार के तने पर बैठेगा। एक मायने में चिनार का यह तना अतीत की स्मृतियों का गवाक्ष है।)

कभी-कभी लगता है मैं चिनार का पेड़ हो गयी हूँ...और...और दूर से सब कुछ घटता देख रही हूँ।

(पार्श्व संगीत के साथ ही शारिका पलट कर पेड़ की परछाईं की ओर जाती है। ऐसा प्रतीत होता है मानो उस पेड़ में उसका विलय हो गया हो। तभी उसकी पुराने दिनों की यादें मंच पर प्रकट होती हैं।)

दृश्य दो

(फ्लैश बैक)

[मंच पर एक ओर से दो युवकों—शिबन और चमन का प्रवेश। शिबन के हाथ में कुछ पुस्तकें हैं। चमन खाली हाथ है। यह श्रीनगर में पंडित श्रीकंठ वौखलू का घर है जो शिबन और शारिका के पिता हैं।]

चमन : *(गम्भीर स्वर में)* ये सोचने का वक़्त नहीं, कुछ करने का वक़्त है।

शिबन : *(व्यंग्य करते हुए)* हाँ कर तो रहा है...रोज़-रोज़ क्लासिज़ बंक।

चमन : *(उसकी बात को नज़रअन्दाज़ कर)* तू एक बार चलकर मिल तो ले।

(शिबन अन्दर आकर पुस्तकें एक ओर रखता है। पलटकर चमन को परखने की दृष्टि से देखता है।)

शिबन...शिबन मेरी बात मान...एक बार...बस एक बार मिल ले...फिर अगर तुझे सही न लगे तो मत आना आगे से कभी...

(शिबन कुछ विचार-सा करता है।)

इसमें इतना सोचने की क्या बात है?

(शारिका प्रवेश करते हुए चमन का अन्तिम वाक्य सुन लेती है। दूसरी ओर से गोशा का हाथ में क्रिकेट का बल्ला लिये प्रवेश।)

शारिका : *(प्रवेश करते हुए)* सोचने की बात यह है कि रोठ बने पाँच दिन हो चुके हैं...दो बार तुम्हें सन्देसा भिजवाया पर किसे फ़ुर्सत है! और किसी की तो क्या, रोठ की भी ख़बर न ली!

चमन : *(मुस्कराकर अभिनय-सा करते हुए)* हूँ...बात तो गम्भीर है। *(बैठता है।)*

गोशा : तो बताइए क्या सज़ा दी जाए आपको?

(शारिका और चमन हैरान हो उसे देखते हैं मगर शिबन अपने विचारों में खोया गम्भीर बैठा है।)

चमन : *(प्रफुल्लित स्वर में)* अरे वाह लिटल मास्टर! किस-किस की छुट्टी कर आये?

गोशा : नहीं चमन भैया नहीं...बात को टालिए मत।

चमन : *(समझ नहीं पाता)* टालिए मत?

गोशा : हाँ...अपनी सज़ा बताइए।

चमन : *(हँसकर)* हा...हा...हा...सज़ा...अरे भई...

गोशा : दिद्दा...वो जो खुजली की झाड़ी होती है न...वो सॉय...वो लगाओ न चमन भैया को...*(खुजली का अभिनय करके)* खुजलाते रहेंगे फिर...हा हा हा...

(कहकर अन्दर चला जाता है। चमन व शारिका भी हँसते हैं।)

शारिका : ठहरो लाती हूँ। *(अन्दर जाने लगती है।)*

चमन : क्या सॉय?

शारिका : *(हँसकर)* नहीं रोठ! *(निकल जाती है।)*

चमन : शुक्र है। *(फिर शिबन की ओर गम्भीर स्वर में)* शिबन क्या सोचा? चलोगे अभी?

शिबन : *(अचानक खड़ा हो जाता है।)* यार मेरी तबीयत कुछ ठीक नहीं...

चमन : शिबन...

शिबन : मैं कल...कल ज़रूर चलूँगा...कॉलेज से ही निकल लेंगे *(कुछ याद कर)* मगर तुम तो आजकल कॉलेज आते ही नहीं।

चमन : मैं तुम्हें कल वहीं मिलूँगा...दो बजे कैंटीन में। मगर तुम वहाँ...

शिबन : कल ज़रूर चलेंगे...आज कुछ बुखार-सा...

(कहते हुए भीतर की ओर प्रस्थान। वहीं से शारिका एक तश्तरी में रोठ लिये आती है। चमन पहले कुछ

उलझन महसूस करता है। फिर ध्यान शारिका की ओर जाता है।)

चमन : अरे शिबन और गोशा से बच पाये ये रोठ?

शारिका : हर बार तुम्हारे लिए बचाकर रखती हूँ इन दोनों से...मगर...किसी ने यकीन करना सीखा हो तब न!

(चमन मुस्कराते हुए रोठ का एक टुकड़ा मुँह में डालता है।)

कहाँ रहते हो आजकल?

चमन : क्यों? यहीं तो हूँ।

शारिका : कई दिनों से कॉलेज भी नहीं गये हो।

चमन : हूँ...तो पूरी खबर रखती हो। अरे तुम्हें तो सी.बी.आई. में होना चाहिए था।

शारिका : मज़ाक छोड़ो चमन...तुम थे कहाँ? *(गम्भीर हो जाता है मगर चुप है।)* पढ़ाई को इतना लाइटली क्यों ले रहे हो? फ़ाइनल इयर है तुम्हारा।

चमन : *(गम्भीर स्वर में)* जब माँ का आँचल जल रहा हो तो पढ़ाई कैसी!

शारिका : तो तुम अकेले इस आग को बुझा लोगे?

चमन : *(दृढ़ स्वर में)* मैं अकेला नहीं हूँ।

शारिका : हाँ, अब कहोगे कि तुम्हारे साथ ऊपर वाला है।

चमन : *(गम्भीर स्वर में)* मैं अकेला नहीं हूँ शारिका...बहुत लोग हैं साथ में...बहुत से और आ भी जाएँगे।

(शारिका रोठ की तश्तरी मेज़ पर रखकर स्वयं कुर्सी पर बैठती है। चेहरे पर परेशानी उभरती है।)

शारिका : ये तुम्हारा उम्मीदों पर जीना!

(चमन उसकी परेशानी देखकर परेशान हो उठता है और बात को टालने का प्रयास करना चाहता है।)

तुम नहीं जानते कितनी ताकत है उनके पास। नष्ट करने की ताकत...मसल देंगे तुम्हें...मगर तुम...उम्मीदों के सहारे जीते रहना तुम!

चमन : *(करीब जाकर कोमल स्वर में)* तुम्हारे सहारे ही तो जी रहा हूँ मेरी उम्मीद! इन साँसों को और किसका आसरा है!

(शारिका के गुस्से में मुस्कान घुल जाती है। आँखों में हया का रंग छा जाता है। वह कुछ कहना चाहती है मगर तभी गोशा कमरे में प्रवेश करता है। चमन भी सँभल जाता है।)

शारिका : *(हड़बड़ाकर)* हाँ...तुम कह रहे थे...

चमन : यही कि चलता हूँ... *(गोशा की ओर)* अरे तुम्हारी चॉकलेट क्या जेब में वापस जाएगी आज?

(गोशा को चॉकलेट देकर निकलता है।)

शारिका : चलो दरवाज़े तक तो...

गोशा : दिद्दा, वो कल वाली चॉकलेट...जो शिबन भैया लाये थे...वो कहाँ है? तुमने ही रखी थी...

(चमन आगे-आगे है और शारिका पीछे। चमन घर से बाहर की ओर जा रहा है। शारिका उसे दरवाज़े तक पहुँचाने जा रही है।)

शारिका : दरवाज़ा बन्द करके आती हूँ...फिर ढूँढ़ दूँगी।

(चमन हाथ हिलाकर बाहर निकल जाता है। शारिका मुस्कराते हुए दरवाज़े के दोनों पल्ले पकड़कर उसमें मानो फिट हो जाती है। चमन को जाता देखती है। गोशा दूर खड़ा उसे बाहर झाँकते देख रहा है। चमन भी दूर जाते हुए उसे बीच-बीच में मुड़कर देखता है। परन्तु यह दृश्य गोशा नहीं देख पाता है। इसलिए परेशान है कि शारिका क्या कर रही है।)

गोशा : *(स्वगत)* कितनी देर लगाती है! अरे ये तो बन्द ही नहीं कर रही! भूल गयी क्या? *(कुछ क्षण ठहरकर देखता है।)* ये कर क्या रही है? *(कुछ सोचकर मुस्कराते हुए)* गली में टहलती बतखें देख रही होगी। प्यारी लगती हैं...रात के बचे चावलों के लड्डू खाते हुए...*(कुछ क्षण मुस्कराते हुए देखता रहता है। फिर ज़ोर से)* दिद्दा...*(शारिका नहीं सुनती। वह चमन को देख रही है।)* दिद्दा...

शारिका : *(चौंककर)* हाँ...

(तेज़ी से दरवाज़ा बन्द करती है, पलटकर आती है।)

गोशा : *(हल्की खीझ के साथ)* क्या कर रही थीं?

शारिका : *(उलझन-भरे स्वर में)* दरवाज़ा बन्द कर रही थी और क्या!

गोशा : बन्द कहाँ कर रही थीं? *(शारिका उसे एकटक देखती है।)* बन्द करना भूल गयी थीं।

शारिका : *(गोशा को प्यार भरी चपत लगाकर)* अच्छा, अच्छा भूल गयी थी।

(शारिका के चेहरे पर कोमल मुस्कान है। वह अपने में खोई हुई आगे बढ़ जाती है।)

गोशा : *(स्वयं को पीछे छूट गया पाकर स्वगत)* अरे...अब मेरी चॉकलेट ढूँढ़ना भूल गयी!

(तभी दरवाज़े पर दस्तक होती है। आगे बढ़ गयी शारिका हैरानी से पलटती है। गोशा फुर्ती दिखाता है।)

ठहरो मैं खोलता हूँ...नहीं तो बन्द करना फिर भूल जाओगी।

(गोशा तेज़ी से लगभग छलाँगें लगाता हुआ दरवाज़े की ओर जाता है। शारिका मुस्कराती है। दरवाज़ा खुलता है तो रूपा और राज प्रवेश करते हैं। रूपा आगे है, राज पीछे।)

शारिका : बहना...*(रूपा की ओर बढ़ती है।)*

रूपा : *(बाँहे पसार देती है)* कैसी है? *(दोनों गले मिलती हैं।)*

शारिका : *(राज से)* नमस्ते जीजा जी...

राज : तुम लोगों ने तो उस तरफ न आने की कसम खा रखी है...

शारिका : *(नोंक-झोंक शैली में)* हाँ वर्ना आप झाँकते भी नहीं यहाँ...

राज : *(मुस्कराता है। फिर गोशा के बाल बिखराते हुए)* क्यों मास्टर...तुम्हारा क्रिकेट कैसा चल रहा है? कपिल देव की छुट्टी हुई कि नहीं?

गोशा : पहले बताइए मेरे लिए क्या लाये?

शारिका : अरे...अरे...ये क्या बात हुई?

राज : ये हमारी और गोशा की पर्सनल बात है जी!

शारिका : आप और गोशा! *(फिर अन्दर की ओर आवाज़ लगाते*

हुए) टाठा जी...बहना आई है।

(रूपा को बाँह से पकड़कर अन्दर ले जाती है। राज गोशा को एक चॉकलेट देता है जिसे लेकर गोशा उछलता हुआ अन्दर चला जाता है।)

टाठा जी : *(अन्दर से निकलते हुए)* अरे रूपा बेटी...इस बार बहुत दिनों में...

रूपा : नमस्कार टाठा जी!

राज : नमस्कार टाठा जी!

टाठा जी : नमस्कार राज बेटे...अच्छा हुआ कि तुम भी आ गये...भई तुमसे मिले तो लगता है बरसों हो गये...काम में बहुत उलझे रहते हो। *(सब अन्दर आकर बैठते हैं।)*

राज : हाँ आजकल काम कुछ ज़्यादा ही...मेरा मतलब...शेरे कश्मीर इंस्टिट्यूट के फर्नीचर का ठेका मिला है। सोफा-कम-बैड हैं...तख्त हैं, कुछ कुर्सियाँ...आर्डर बड़ा है...बस इन्हीं झमेलों में लगा रहता हूँ।

टाठा जी : *(खुश होकर)* बहुत अच्छी बात है...भई काम है तो जहान है...खूब तरक्की करो। *(अचानक चेहरा गम्भीर हो जाता है।)*

राज : क्या बात है टाठा जी? आप कुछ उदास...तबीयत तो...

टाठा जी : तबीयत का क्या! पर ये रोज़-रोज़ के बन्द, कर्फ्यू...जी घबरा-सा गया है।

राज : हाँ हालात तो दिन-ब-दिन बिगड़ते जा रहे हैं।

टाठा जी : इस पर लोगों का घर-बार छोड़कर चले जाना...रातों-रात लोग जा रहे हैं। अजीब किस्सा है...*(खिसियाई हँसी हँसते हैं)* अरे शाम ढलते जिससे चौक पर दुआ-सलाम की होती है...सुबह देखो तो घर पर ताला! रातों-रात मय बीवी-बच्चों के शहर से कूच कर चुके होते हैं।

राज : हाँ टाठा जी...कुछ समझ नहीं आता। हालात खराब हैं...जान-माल का खतरा है...पर मैं कहता हूँ भई हालात तो कहीं भी बिगड़ सकते हैं और बिगड़ते भी हैं पर...पर क्या वहाँ लोग ऐसे अपना घर-बार, शहर छोड़कर चले जाते हैं।

(शिबन का प्रवेश।)

शिबन : जब बाशिन्दे ही नहीं रहेंगे तो कौन-सा घर-बार और कैसा शहर!

टाठा जी : *(आवाज़ में गुस्सा)* ये है—आज का खून! न घर से जुड़ाव न अपनी ज़मीन से!

शिबन : आपको मालूम भी है कुछ...बाहर क्या हो रहा है?

राज : *(डाँटते हुए)* शिबन...तुम जानते हो किससे क्या कह रहे हो?

शिबन : *(ऊँची आवाज में)* जानता हूँ...*(कुछ रुक कर)* मानता हूँ कि टाठा जी पर जो बीता है वो...

राज : *(उसकी बात काटते हुए)* बीता है! उसे तुम बीतना कहते हो? क्या वो बीत गया? जवान बेटा-बहू की बम के हादसे में मौत को तुम बीतना कहते हो?

शिबन : तो फिर क्यों नहीं छोड़ देते इस मनहूस शहर को? क्यों चिपके हैं यहाँ से...क्या ये देखने के लिए कि हम भी कब किस हादसे में...

टाठा जी : *(दुःख से आँखें मूँद लेते हैं)* ईश्वर...प्रभु!

राज : *(गुस्सा निगलते हुए)* शिबन...तुम...तुम होश में नहीं हो।

शिबन : *(आवाज़ को संयत करने का प्रयास करते हुए)* हाँ होश में नहीं हूँ...तभी ज़िन्दा हूँ शायद। *(दरवाज़े की ओर जाते हुए)* ऐसे में होश में रहना भी कौन चाहता है!

(बाहर निकल जाता है।)

राज : टाठा जी...बच्चा है वो...

टाठा जी : *(दुःखी स्वर में)* अब...अब कितने दिन बचे हैं मेरे! सुख-दुःख, शीरीं-तल्खी...सब...सब इसी मिट्टी में जिये हैं। कैसे छोड़ दूँ इसे? *(कुछ ऊँचे स्वर में)* मैं कहता हूँ जिसे जाना है जाओ...मैं इसी चौखट पर आखिरी साँस लूँगा...इसी हवा में...*(गला रुँध जाता है।)*

राज : *(बात को टालने के लिए)* यहाँ ठंड है...अन्दर चलें क्या?

(ये दोनों एक ओर से अन्दर जाते हैं तो दूसरी ओर से रूपा और शारिका का बात करते मंच पर प्रवेश।)

रूपा : कभी-कभी बहुत मन होता है तेरा दुलार करने का।

शारिका : *(प्यार-भरी शैतानी से उसके सामने बैठ उसके कन्धे पर सिर रख देती है।)* तो कर ना...

रूपा : *(उसके सर पर हाथ फेरती है। विचारमग्न हो गम्भीर स्वर में)* नन्हीं-सी जान पर सारा गृहस्थी का बोझ...मैं बड़ी होते हुए भी कुछ नहीं कर पाती।

(शारिका उठकर सामने बैठती है।)

गोशा भी...

शारिका : *(हैरान होकर)* गोशा?

रूपा : हाँ...कभी-कभी सोचती हूँ गोशा को गोद ले लूँ।

शारिका : *(झट से)* ऐसा सोचना भी मत।

(रूपा उसे ठहरकर देखती है।)

माँ और भैया-भाभी के बाद टाठा जी उसी के सहारे तो... *(आँखों की कोर से आँसू पोंछती है)* उसी की बातों में अपने गम भूले रहते हैं।

रूपा : *(उदास स्वर में)* जानती हूँ।

शारिका : *(उदास माहौल को सँभालते हुए)* तू आती रहा कर बस। *(रूपा भी मुस्कराकर 'हाँ' में सिर हिलाती है)* तू ही तो मेरी मॉरल सपोर्ट है!

रूपा : *(छेड़ने के अन्दाज़ में)* अच्छा जी...अब मॉरल सपोर्ट हम हो गये!

शारिका : क्या मतलब?

रूपा : हमने तो सुना था कि आजकल मियां चमन बहुत गुल-ओ-गुलज़ार हैं!

(शारिका झेंप-सी जाती है। फिर उसकी बाँह पर झूठे गुस्से से हल्का मुक्का मारती है। रूपा बचने का प्रयास करती है। दोनों हँसते हैं।)

शारिका : *(गम्भीर हो जाती है।)* डर लगता है।

रूपा : कैसा डर?

शारिका : वो...वो आजकल एक गुट बना रहा है।

रूपा : गुट?

शारिका : हाँ, आतंकवाद के खिलाफ़...समझता ही नहीं है...(स्वर

कुछ उत्तेजित-सा हो जाता है) कैसे जूझेगा उनसे जो सिर्फ़ बन्दूक की ज़ुबान समझते हैं!

रूपा : तू समझाती क्यों नहीं उसे? *(फिर अचानक किसी विचार में डूब जाती है। खुद में खोई हुई-सी)* तू उसे लेकर कहीं दूर चली जा...*(मानो खुद से कह रही हो)* तुझे नहीं मालूम, प्यार को खोना क्या होता है!

शारिका : *(उसके दर्द को महसूस करके)* बहना!

(रूपा की आँखों में आँसू आ जाते हैं।)

सुहैल दुबई चला गया है। किसी होटल में मैनेजर हो गया है वहाँ।

रूपा : और बड़ी अम्मी?

शारिका : वो यहीं हैं...पूछती रहती हैं अक्सर तेरे बारे में...

रूपा : *(साँस-सी छोड़ते हुए)* सोचती हूँ उनसे मिल आऊँ।

शारिका : मिल आ। तुझे भी सुहैल की चिट्ठियाँ सुना देंगी। बहुत अकेली हैं...बस उसकी चिट्ठियों के सहारे जी रही हैं।

रूपा : *(उदास खोये-से स्वर में)* उनके पास चिट्ठियाँ तो हैं!

(शारिका उसे ठहरकर देखती है।)

दृश्य तीन

[सेबों के बगीचे में चमन खड़ा शारिका का बेसब्री से इन्तज़ार कर रहा है कि वह उसे अपनी ओर आती दिखाई देती है। शारिका चली आ रही है और चमन उसे देख रहा है। शारिका पास पहुँचती है। वह कुछ गम्भीर मुद्रा में है।]

चमन : क्या हुआ? सब ठीक तो है न?

शारिका : हाँ ठीक है।

चमन : नहीं...मेरा मतलब...फिर तुमने मुझे बात करने के लिए यहाँ क्यों बुलाया?

शारिका : पहले बैठें? साँस लेने दोगे?

(चमन मुस्कराता है। फिर रोमानी अन्दाज़ में जेब से रूमाल निकालकर घास पर बिछाता है।)

चमन : तशरीफ रखिए मेरी आका!

(शारिका हँसती है और रूमाल उठाकर घास पर बैठ जाती है। रूमाल अब उसकी गोद में है। चमन भी मुस्कराते हुए बैठ जाता है।)

शारिका : चमन...

(चमन के चेहरे पर मुस्कान खिली रहती है। शारिका गम्भीर हो जाती है)

मैं तुमसे एक संजीदा बात करने आयी हूँ।

चमन : रूमाल बिछाने से भी ज़्यादा संजीदा?

शारिका : चमन प्लीज़...

(शारिका को गम्भीर बना देखकर चमन भी संजीदा हो जाता है।)

चमन : कहो शारिका।

शारिका : तुम उन लोगों से क्यों उलझ रहे हो?

चमन : *(बात समझकर कुछ ज़्यादा संजीदा हो जाता है)* मैं उलझ नहीं रहा हूँ शारिका।

शारिका : जो भी है मगर तुम उनके रास्ते में मत आओ...वो लोग...

चमन : *(बात काटकर)* एक मिनट...एक मिनट...पहले तुम्हें बता दूँ रास्ते में मैं नहीं आ रहा हूँ, वो आ रहे हैं।

शारिका : तुम्हारे रास्ते में?

चमन : हाँ मेरे रास्ते में, मेरे मुल्क के रास्ते में, हमारी तरक्की के रास्ते में...

शारिका : चमन प्लीज़...मुझे तुम्हारी ये बड़ी-बड़ी बातें समझ नहीं आतीं...मुझे तुमसे मतलब है...बस तुमसे।

चमन : नहीं शारिका सिर्फ़ मुझसे नहीं...और अगर समझ नहीं आ रहा तो तुम्हें समझना होगा।

(शारिका चमन का रूमाल अपनी अँगुली पर लपेटती-खोलती है।)

मेरे साथ-साथ तुम्हें सबसे वास्ता रखना होगा।

शारिका : *(चिढ़कर)* और अपने भैया-भाभी की तरह तुम्हें भी खोना होगा?

चमन : *(थोड़ा नर्म स्वर में)* वो तो हममें से किसी के हाथ में नहीं है...है क्या?

शारिका : *(खीझकर)* मैं तुम्हारे इन सवालों के जवाब देने यहाँ नहीं आयी हूँ। *(भावना में बहकर)* मुझे कुछ नहीं पता...मैं कुछ नहीं जानती...मैं तुम्हें नहीं खो सकती...मैं भीतर से सहमी रहती हूँ...मेरा दिल...मेरा दिल...ओह एक घबराहट-सी रहती है तुम्हें लेकर...चमन, तुम समझते क्यों नहीं...मैं तुम्हें नहीं खो सकती...किसी कीमत पर नहीं।

(शारिका की रुलाई छूट जाती है। वह चेहरे को दोनों हाथों से ढक लेती है। चमन थोड़ा पास आता है। उसकी बाँहें पकड़कर हाथ चेहरे से हटाता है।)

चमन : *(भीगे स्वर में)* शारिका...अरे...मैं...मैं...कहाँ जा रहा हूँ? कहाँ चला जाऊँगा?

(शारिका रोते हुए मुस्करा देती है। वह फिर चेहरा ढकना चाहती है। मगर चमन उसकी बाँह कसकर

पकड़े रहता है। शारिका का हाथ वह अपनी ओर खींचकर अपनी गोद में रखता है। शारिका हाथ छुड़ाने की कोशिश करती है पर चमन कसकर पकड़े रहता है। सामने से आता गोशा उन्हें देख ठिठक जाता है।)

गोशा : *(स्वगत)* अरे दिद्दा और चमन भैया!

शारिका : चमन...प्लीज़ छोड़ो न!

चमन : नहीं...पहले कहो...कहो कि फिर कभी नहीं रोओगी। कहो शारिका...मैं तुम्हारी आँखों में आँसू नहीं देख सकता...हमें कोई अलग नहीं कर सकता...कोई नहीं...कभी नहीं...

(चमन की पकड़ ढीली होती है और शारिका अपना सिर उसके कन्धे पर टिका देती है।)

शारिका : चमन!

(चमन का हाथ शारिका के बालों की ओर जा रहा था कि उसकी नज़र सामने ठिठके खड़े गोशा पर पड़ती है। वह सँभल जाता है। शारिका का हाथ छोड़ देता है।)

चमन : अरे गोशा तू यहाँ!

(शारिका भी सँभल जाती है।)

इधर आ...पास आ...

(गोशा कुछ झिझक-झिझककर पास आता है।)

चमन : हाथ ला...*(गोशा चमन को आँखें फाड़कर देखता है।)* हाथ ला यार।

(गोशा दायाँ हाथ सामने कर फैला देता है। चमन उसके हाथ में अपनी जेब से निकालकर एक अखरोट रख देता है और उसकी मुट्ठी बन्द कर देता है।)

ये ले अखरोट।

(गोशा गम्भीर मुद्रा में अपनी बन्द मुट्ठी देखता है।)

दूसरा हाथ कहाँ है?

(गोशा बायाँ हाथ आगे करके फैला देता है। चमन पहले की तरह ही अपनी जेब से एक और अखरोट निकालकर उसकी दूसरी हथेली में रख मुट्ठी बन्द कर देता है।)

ये दूसरा अखरोट...मज़े कर...भाग जा अब।

गोशा : अगर तीसरा हाथ होता तो?

चमन : चल शैतान!

(तीनों हँसते हैं। शारिका उठकर कपड़े झाड़ती है और चलने को तैयार होती है। गोशा आगे भागता है और शारिका व चमन हँसते हुए उसके पीछे-पीछे मंच से प्रस्थान करते हैं।)

दृश्य चार

[टाठा जी गोशा का हाथ पकड़े हुए घर में प्रवेश करते हैं। टाठा जी ने फेरन पहन रखा है। कुछ हड़बड़ाए-से हैं। गोशा के चेहरे पर भी घबराहट है।]

टाठा जी : शारिका...शारिका...

शारिका : *(दौड़कर आती है)* जी...टाठा जी।

टाठा जी : शिबन कहाँ है?

शारिका : शिबन तो...

टाठा जी : सारे इलाके में कर्फ्यू लगा है...सुना है अन्दर की तरफ कन्याकदल में गोलियाँ चल रही हैं। शिबन कहाँ है...आया कि नहीं?

शारिका : शिबन तो चमन के साथ गया है। शाम से पहले ही चले गये थे दोनों। अब तक तो...*(परेशान हो जाती है।)*

टाठा जी : गोशा तो मुझे बड़ी अम्मी के दरवाज़े पर दिख गया...उसे तो ले आया पर...बड़ी मुश्किल से आया हूँ।

(गोशा सहमा-सा आगे बढ़ता है तो शारिका स्नेह से उसका हाथ थाम लेती है। दोनों अन्दर की ओर बढ़ते हैं। टाठा जी दरवाज़ा अच्छी तरह बन्द कर अन्दर आते हैं।)

कहाँ निकल गये होंगे दोनों...रात हो गयी अब तो...कोई फिक्र नहीं है इसे घर की...अब...अब कहाँ ढूँढ़ने जाऊँ?

शारिका : वो आ जाएगा...आप इतना परेशान मत होइए...आता ही होगा। *(दोनों ओर एक खामोशी रहती है कुछ क्षण।)* खाना लगा देती हूँ...आप तब तक खा लीजिए।

टाठा जी : मुझे भूख नहीं है...तुम और गोशा खा लो...*(परेशान से)* गोशा को खिला दो।

गोशा : नहीं मुझे नहीं खाना।

शारिका : *(नकली गुस्से से)* खाना नहीं खाएगा?

गोशा : नहीं...शिबन भैया के साथ खाऊँगा।

शारिका : नहीं बेटा...उन्हें देर भी हो सकती...चलो तुम...

गोशा : नहीं...देर होगी तो देर से खाऊँगा...पर शिबन भैया के साथ खाऊँगा।

शारिका : गोशा...

गोशा : *(ज़िद्द करते हुए)* नहीं...कहा ना नहीं...

(तभी दरवाज़े पर दस्तक से सब चौंक उठते हैं। शारिका तेज़ कदमों से दरवाज़े की ओर बढ़ने लगती है कि टाठा जी उसे रोकते हैं।)

टाठा जी : तू ठहर मैं देखता हूँ।

शारिका : *(घबराई-सी मगर टाठा जी को दिलासा देने के भाव से)* मैं खोलती हूँ...शिबन होगा।

टाठा जी : *(सख्त स्वर में)* नहीं रुक...मैं देखता हूँ।

गोशा : *(मासूम मगर घबराई आवाज़ में)* अगर कोई बन्दूक वाला हुआ तो?

(उसकी बात सुन टाठा जी व शारिका दोनों ठिठकते हैं। गोशा खड़ा हो चुका है। शारिका उसके पास जाकर उसे खुद से सटा लेती है जिससे उसे डर न लगे।)

टाठा जी : *(बड़बड़ाते हुए)* कब तक नहीं खोलूँगा। और नहीं खोलूँगा तो क्या उन्हें अन्दर आना नहीं आएगा किसी और रास्ते से...

(टाठा जी फिर दरवाज़े की ओर बढ़ते हैं तो शारिका उन्हें टोकती है।)

शारिका : *(कमज़ोर स्वर में)* पहले उस छेद में से देख लेते।

*(कहते-कहते स्वर डूब-सा जाता है।
टाठा जी आगे बढ़कर छेद में से बाहर झाँकते हैं। फिर रुककर कुछ सोचते हैं। शारिका घबराए स्वर में पूछती है)*

कौन है टाठा जी?

टाठा जी : *(काँपते स्वर में)* पता नहीं कोई है...धड़ दिख रहा है पर सिर नहीं।

(शारिका काँप जाती है। गोशा को खुद से और सटा लेती है। पर गोशा स्वयं को उससे मुक्त करता है।)

गोशा : सिर के बिना बन्दूक कैसे चलाएगा?

(शारिका को डर के साये ने पूरी तरह से घेर लिया है।)

टाठा जी : *(डरे मगर झल्लाए स्वर में)* सिर क्यों नहीं होगा...अँधेरे में दिखेगा क्या?

(टाठा जी आगे बढ़कर बहुत हिम्मत करके काँपते हाथों से दरवाज़ा खोल देते हैं। दरवाज़ा खुलते ही घबराया, हाँफता, बदहवास शिबन घर में प्रवेश करता है।)

शिबन : टाठा जी...चमन...

शारिका : *(चीखकर)* क्या हुआ...क्या हुआ चमन को?

शिबन : *(स्वयं को रोकते हुए-सा)* चमन...चमन...गोली मार दी उन्होंने...

शारिका : *(चीखकर)* चमन...

(बदहवास-सी मंच पर ढेर हो जाती है। टाठा जी, शिबन और गोशा धीरे-धीरे शारिका को देखते हुए चेहरे पर डर के भाव लिये मंच से प्रस्थान करते हैं। शारिका उनके जाने के बाद धीरे-धीरे उठती है। स्क्रीन पर फिर चिनार के पेड़ की परछाईं उभरती है। शारिका पेड़ की परछाईं से दूर होती है तो मंच पर प्रकाश होता है।)

(फ्लैश बैक समाप्त)

दृश्य पाँच

[पार्श्व से हब्बा खातून के गीत का भावानुवाद सुनाई देता है—]

देने वाला हाथ खींच ले अगर कहीं
किस्मत भी तब साथ कभी देती नहीं।
मुट्ठी-भर में कैसे जी ले यहाँ कोई
गम का पियाला भर-भर पीके हब्बा रही।

(स्क्रीन पर जो चिनार का पेड़ था वह अब नहीं है। दिल्ली में श्रीकंठ वौखलू के कमरे का दरवाज़ा धड़ाक से खुलता है। थका-हारा शिबन प्रवेश करता है। शारिका का फ्लैश बैक समाप्त हो चुका है। वह पलटकर, चौंककर शिबन को देखती है। शिबन लापरवाही और खीझ के साथ जूते निकालकर एक ओर पटकता है और आकर धम्म से पलंग पर लेट जाता है।)

शिबन : *(झल्लाकर)* कहवा है?

शारिका : *(कोमल स्वर में)* क्या हुआ शिबन?

शिबन : *(उसी अन्दाज़ में)* तू कहवा ला।

(बाँह से आँखें ढक लेता है।)

शारिका : लाती हूँ पर हुआ क्या?

(शिबन उत्तर नहीं देता तो शारिका पास आती है।)

शिबन...शिबन...

शिबन : *(आँखों से बाँह हटाता है)* आज फिर उस खडूस ने सुबह-सुबह...मूड खराब कर दिया।

(उठकर बैठ जाता है।)

इस ठंड में सुबह चार बजे घुप्प अँधेरे में निकलता हूँ घर से...अब अगर अखबार ही छपकर देर से आए तो इसमें मेरा क्या कसूर...मतलब मैं कर क्या सकता हूँ...नहीं, पर

वह तो लाट साहब है!

(कुछ क्षण रुकता है। शारिका रसोई में चली जाती है। स्वगत)

कैसा शहर है यह! किसी की बेबसी से कोई लेना-देना नहीं है...इन्सान को इन्सान नहीं समझते। अरे...अरे वो...*(शारिका से, ज़ोर से)* जानती है...साइकिल स्टैंड का मालिक है...क्या समझेगा मेरे हालात कि एम.बी.बी.एस. के फाइनल इयर में था मैं...आज डॉक्टर होता...अगर... अगर...हालात ठीक रहते...अब सुबह-सुबह घर-घर जाकर अखबार बाँटता हूँ!

(गुस्से में ही पास रखे कहवा का गिलास उठाकर पीने लगता है। शारिका अन्दर से कहवा लेकर आती है तो पाती है कि वह टाठा जी वाला ठंडा कहवा पी रहा है।)

शारिका : अरे ये तेरा कहवा नहीं था...ठंडा हो गया होगा यह तो!

शिबन : *(अवसाद-भरे स्वर में)* जब अपनी ज़िन्दगी अपने ढंग से नहीं जी पा रहे तो कहवा क्या! ऐसी ठंडी ज़िन्दगी के लिए यह ठंडा कहवा ही ठीक है!

(कहवा गटकने लगता है।

शारिका नज़र बचाकर अपनी रुलाई रोकते हुए गर्म कहवा लिये रसोई की ओर बढ़ रही होती है कि दरवाज़े पर राज और रूपा दस्तक देते हैं। शारिका पलटकर देखती है तो खुशी से उछल पड़ती है। शिबन भी आश्चर्यचकित हो पलंग से उठ खड़ा हो जाता है। दरवाज़े से रूपा एक एयर बैग लिये और राज एक अटैची लिये प्रवेश करते हैं।)

शारिका : *(चहककर आगे बढ़ती है। गले मिलते हुए)* बहना!

रूपा : *(भीगे स्वर में)* कितने महीनों बाद देख रही हूँ तुझे!

शिबन : *(राज से गले मिलते हुए)* आने की खबर होती तो मैं स्टेशन आ जाता।

राज : अब प्रोग्राम बनाकर कौन चलता है! सोचा हुआ तो सब मिट्टी हो गया...टाठा जी नहीं दिख रहे...

(तभी टाठा जी का प्रवेश। इन सबको देखकर चौंकते हैं। पहले खुश होते हैं। राज का अभिवादन स्वीकार करते हैं पर अगले ही क्षण उदास हो जाते हैं।)

टाठा जी : *(खुशी से)* अरे राज बेटे...वारय...कैसे हो बेटा?

राज : वारय टाठा जी...

टाठा जी : *(उदास स्वर में)* आओ बेटा यहाँ बैठो

(उसे कुर्सी पर बैठने का संकेत करते हैं। खुद पलंग की ओर बढ़ जाते हैं।)

क्या पता था ऐसे दिन भी देखने होंगे...तुम लोग घर आओगे तो बैठाने की जगह भी नहीं होगी।

राज : *(रुँधे स्वर में)* ऐसा क्यों कहते हैं टाठा जी...ये क्या कम है कि ये सोचने के लिए हम लोग ज़िन्दा हैं कि कहाँ बैठें और कहाँ बैठाएँ!

टाठा जी : *(हामी में सिर हिलाते हुए)* और सिर पर एक छत भी है...

(रूपा शारिका के साथ रसोई में जाती है।)

उन हज़ारों लोगों के जी से पूछो जो कैम्पों में रह रहे हैं।

शिबन : मेरा कहा किसी ने नहीं माना मगर फिर हुआ तो वही ना...

राज : *(साँस छोड़ते हुए)* हाँ, हालात ही ऐसे हो गये वर्ना...क्या मैं अपना घर...सारी जमापूँजी लगाकर बनाया गया नया मकान...अपना शहर छोड़कर जम्मू में...उन पत्थरों के शहर में खाक छानता? अपनी फैक्ट्री के मुआवज़े के कागज़ात लेकर सड़कों पर भटकता फिरता?

शिबन : अब इन बातों में कुछ नहीं रखा...जो सच है, हकीकत है...वो यही है कि हम बेघर-बार, बेकार, बेरोज़गार हैं...अखबारी शब्दों में विस्थापित...हँह...माई फुट...हालात को नये से नये शब्द देना कोई इन जर्नलिस्टों से सीखे!

राज : यकीन नहीं होता...मन मानने को तैयार नहीं है कि अपना घर हमेशा के लिए छोड़ चुका हूँ मैं...कि कभी लौटकर नहीं जा पाऊँगा...*(आँखों में आँसू व चेहरे पर उदास मुस्कान के साथ)* कभी-कभी लगता है छुट्टियाँ बिताने निकला हूँ। श्रीनगर जानेवाली अगली बस पकड़ूँगा और घर पहुँच...

(गला रुँध जाता है। शिबन जाकर गद्दे पर बैठ जाता है।)

टाठा जी : राज...राज बेटा...

राज : *(सँभलते हुए)* टाठा जी, जब लोग अपने मकानों पर अपने ही हाथों से ताले लगाकर अपने शहर को अलविदा कहते थे तो हैरानी होती थी...सच, बहुत हैरानी होती थी मुझे...कि कैसा जी पाया है इन्होंने...कैसे कर पाते हैं ऐसा ये लोग...और क्यों...मगर...मगर हालात इतनी तेज़ी से बदले कि धीरे-धीरे मैं भी बदल गया...मुझे भी बदल दिया इन हालात ने...सच, बदल दिया...मैं हार गया टाठा जी...हार गया...

(प्रकाश राज पर केन्द्रित होता है। अन्य चरित्र और मंच अन्धकार में डूब जाते हैं। राज उठता है और धीरे-धीरे चलकर मंच पर एक ओर रखे चिनार के पेड़ के तने पर जाकर बैठ जाता है। तभी मंच पर दूसरी ओर से डॉ. नसीरुद्दीन डार का प्रवेश होता है। यह राज की स्मृतियों का फ्लैश बैक है। उसे अपना श्रीनगर का घर और दोस्त याद आ रहे हैं।)

दृश्य छह

(फ्लैश बैक)

[श्रीनगर में राज का घर। उच्च मध्यवर्गीय मकान का एक कमरा, जहाँ की सजावट व रख-रखाव ने कोने-कोने में कश्मीर की खुशबू को छितरा रखा है। वगुव (मोटी चटाई) पर कश्मीरी कालीन, तख्त पर गब्बे, पैरों को गर्म रखने के लिए नम्दा है। कांगड़ी भी दिखाई दे रही है। अखरोट की लकड़ी के सुन्दर काम का सोफा। राज से मिलने उसका दोस्त डॉ. नसीरुद्दीन डार आया है। दोनों चाय पीते हुए बातें कर रहे हैं।]

डॉ. नसीर : मुल्क की ज़हीन माने जाने वाली कौम को यह क्या हो गया है राज? कश्मीर की अपनी तहज़ीब, अपनी ताकत...सबको नज़रअन्दाज़ कर सिर पर पाँव रखकर भागे जा रहे हो तुम लोग यहाँ से...

राज : *(बात टालने के अन्दाज़ में)* अभी तो आपके सामने ही बैठा हूँ डॉक्टर साहब।

डॉ. नसीर : मगर ये बताओ...

राज : *(बात काटकर)* मैं कहीं नहीं जाने वाला।

डॉ. नसीर : मगर लोगों को रोको यार...उन्हें समझाओ।

राज : आप सोचते हैं मैंने अब तक ऐसा नहीं किया? मगर जितना उनसे बात करता हूँ डरता हूँ!

डॉ. नसीर : किस बात से?

राज : डरता हूँ...कहीं उनका असर मुझ पर भी...

डॉ. नसीर : कैसी बात करते हो...!

राज : उनसे बात करता हूँ तो परेशान हो जाता हूँ...इधर हालात कुछ ज़्यादा बदलने लगे हैं। नहीं डॉक्टर साहब...नहीं...आम

लोगों का सोचिए...घर में आराम से बैठकर बड़ी-बड़ी बातें बनाना, इतिहास और परम्परा का हवाला देना बहुत आसान है...मगर...

डॉ. नसीर : क्या मगर?

राज : *(महसूस करते हुए)* जब साँसें कम होती दिखती हैं तो...तो आप नहीं जानते कैसा महसूस होता है...अँधेरा छा जाता है अँधेरा...

डॉ. नसीर : *(राज की बात पर ध्यान न देकर बात को काटते हुए)* यह क्यों नहीं समझ रहे लोग कि उन्हें भगाने के लिए ही डराया जा रहा है। उकसाया जा रहा है...तुम लोग भाग जाओगे तो जीत जाएँगे वो।

राज : आप समझते नहीं...

डॉ. नसीर : *(चेहरे पर नफ़रत के भाव)* मुँह का ज़ायका खराब हो जाता है जब मैं सोचने लगता हूँ कि बसा-बसाया घर और पुरखों की यादें छोड़कर भी लोग जी सकते हैं...वो भी किसी दूसरे शहर में!

राज : *(स्वर में गुस्सा झलकता है)* जब ज़िन्दगी दाव पर लगी हो तो पुरखे याद नहीं आते।

डॉ. नसीर : कैसी बात करते हो तुम राज...*(खड़े होकर टहलते हैं। भावना में बहकर)* इस बहिश्त को छोड़ने का सोच रहे हैं लोग? दूर-दूर तक फैले हरियाले पहाड़, देवदार, चीड़ और चिनार...ये चश्मे...ये आबशार...ये केसर की क्यारियाँ...ये सूफ़ियों, दरवेशों और सन्तों के कलामों से नम, सुकून देने वाली हवाएँ...ओह...सोच भी कैसे सकता है कोई ये वादी छोड़ने का...वो भी हमेशा के लिए!

राज : डॉक्टर साहब ये ज़िन्दगी का कड़वा सच है। हालात से मजबूर हैं लोग।

डॉ. नसीर : *(वापस आकर बैठते हैं। अपना सिगार निकालकर उसे परखते हैं। कुछ नर्म स्वर में)* मैं समझता हूँ यहाँ रहना मुश्किल है मगर यहाँ से जाना तो कोई हल नहीं है।

राज : लोगों की मजबूरी को आप नहीं समझ पा रहे हैं।

डॉ. नसीर : *(स्वर में उदासी)* क्या अपनी झीलों और दरियाओं के

पानी पर बिखरा सुर्ख़ अक्स मेरे कलेजे के टुकड़े-टुकड़े नहीं कर देता है? ये बारूद की गन्ध, ये भटके हुए नारे...*(स्वर में जोश)* नहीं राज नहीं...टिक नहीं पाएँगे ये...नहीं टिक पाएँगे।

राज : डॉक्टर साहब...*(मानो निश्शब्द हो जाता है।)*

डॉ. नसीर : सुनो राज *(दृढ़ आवाज़ में)* ये लोग सरहद पार से आती मदद का दीया हथेली पर लेकर रास्ता खोज रहे हैं...भटके हुए हैं...आज वे उस दीये को सिर पर चमकता सूरज मान रहे हैं मगर...मगर ये सूरज नहीं है...ये दीया बुझ जाएगा...ये दीया बुझ जाएगा राज...

(राज उनकी ओर ठहर कर देखता है।)

मानो मेरी बात...आँधी आती है गुज़र जाती है...तूफ़ान आकर थम जाते हैं...ये वक़्ती सिलसिले हैं राज...वक़्ती सिलसिले...

राज : *(आवाज़ में सख़्ती)* आँधी बढ़ती चली आ रही है...तूफ़ान का खौफ़ गले तक आ पहुँचा है...

डॉ. नसीर : *(कुछ झल्लाकर)* तुम समझते क्यों नहीं यार...मुहल्ले के किसी गुंडे ने लठ घुमाया और आप पीठ दिखाकर भाग लेंगे?

राज : *(आवाज़ की सख़्ती कुछ और बढ़ जाती है)* लठ नहीं डॉक्टर साहब...ए के फॉर्टीसेवन...माफ़ कीजिएगा डॉक्टर साहब, कुछ लोग अब तक चैन से बैठे हैं क्योंकि इस बन्दूक ने अभी उनकी तरफ रुख नहीं किया है...और आप भी उनमें से एक हैं...

डॉ. नसीर : राज!

(तभी दरवाज़े पर दस्तक होती है। दोनों दरवाज़े की ओर देखते हैं जहाँ से मुश्ताक चला आ रहा है। मुश्ताक कुछ गम्भीर है। वह भीतर आकर दोनों को ध्यान से देखता है और माहौल में तनाव की गन्ध महसूस करता है।)

डॉ. नसीर : आओ मुश्ताक...सही वक़्त पर आये...चलता हूँ...खुदा हाफ़िज़।

(डॉ. नसीर बिना राज की ओर देखे प्रस्थान करते हैं। राज हक्का-बक्का-सा खड़े-खड़े उन्हें जाते हुए देखता रह जाता है।)

मुश्ताक : राज!

(राज चौंककर उसे पलटकर देखता है।)

राज : बैठो मुश्ताक।

मुश्ताक : खैरियत तो है?

राज : *(मानो फिर विचारों से चौंका हो)* हूँ...हाँ...हाँ...मगर...

मुश्ताक : क्या हुआ राज?

राज : *(विचारों में डूबकर)* समझ में नहीं आता...ये मुझे क्या हो गया!

(मुश्ताक खामोशी से उसे देखता है। राज के स्वर में पछतावा है।)

मैंने ऐसा क्यों किया...क्यों कहा वह सब जिस पर मैं खुद भी विश्वास नहीं करता...जिसे सही नहीं मानता...फिर आज...

मुश्ताक : हुआ क्या?

राज : डॉ. नसीर ठीक कह रहे थे मगर मैं...मैं बराबर उनका विरोध करता रहा...कितनी अजीब बात है कि न सिर्फ़ उनका विरोध करता रहा बल्कि उन लोगों का हिमायती बन बैठा जो श्रीनगर छोड़कर जा रहे हैं...हमेशा के लिए...

(मुश्ताक सन्नाटे में आ जाता है। खामोश बैठा रहता है।)

क्या गलत कह रहे थे डॉ. नसीर...मैं भी तो यही कहता हूँ कि ये पहाड़, ये चिनार, ये डल झील में खिले कमल...यहाँ की हवाएँ...इन सबको छोड़कर मैं...किसी दूसरे शहर में...नहीं हर्गिज़ नहीं...ऐसा नहीं हो सकता मुश्ताक, नहीं हो सकता...

(मुश्ताक नज़रें झुका लेता है। राज उसके करीब आता है।)

फिर...फिर तुम जैसे दोस्त...कैसे जी सकूँगा मैं दोस्तों के बिना...तुम्हारे बिना...डॉ. नसीर के बिना...हर्गिज़ नहीं

मुश्ताक...हर्गिज़ नहीं...

(राज भावना में बहता हुआ कमरे की खिड़की के पास जाता है। उसके पल्ले खोलता है तो एक कोमल सर्द हवा का झोंका कमरे में प्रवेश करता है। मानो खिड़की खुलने का इन्तज़ार कर रहा था। हवा से राज के बाल लहरा-से जाते हैं। राज नथुने फुलाकर लम्बी साँस भरता है। चेहरे पर आनन्दमयी मुस्कान है। साँस लेते हुए उसकी आँखें भी मुँद जाती हैं। फिर पलटकर मुश्ताक की ओर मुखातिब होता है)

क्या मैं इस हवा के बिना जी सकूँगा? बोलो मुश्ताक, क्या उस बर्फ़ के बिना रह सकूँगा जिसका इन्तज़ार महीनों करते हैं हम? वो पहली बर्फ़ के गिरने पर 'शीन मुबारक' कहने की उत्सुकता...कैसे जी सकूँगा मैं...नहीं कभी नहीं...

मुश्ताक : *(डगमगाए से स्वर में)* रूपा घर में नहीं है?

राज : नहीं...दो-चार रोज़ हुए जम्मू गयी है।

मुश्ताक : जम्मू?

राज : हाँ, उसकी सहेली की शादी थी...बचपन की सहेली थी...दस बारह दिन की बात थी...मैंने सोचा उसे जाना चाहिए...

मुश्ताक : और तुम? *(राज उसकी ओर देखता है। मुश्ताक का स्वर काँप जाता है)* मेरा मतलब था तुम नहीं गये शादी में?

राज : यार वो उसकी सहेली है...अब मैं वहाँ...अजीब लगा मुझे...फिर यहाँ फैक्टरी...

मुश्ताक : मगर उस इलाके में तो कर्फ्यू है दो दिन से...काम पर तो नहीं जाते होंगे?

राज : हाँ, आज है तो कल खुल जाएगा...मगर तुम ये सब...?

मुश्ताक : *(झेंपते हुए)* नहीं...मुझे लगा, तुम भी हो आते जम्मू।

राज : *(हँसकर)* जम्मू...क्या करूँगा यार जम्मू में?

मुश्ताक : यहाँ अकेले क्या कर रहे हो? *(स्वर को सँभालकर)* आठ-दस दिन हो आओ वहाँ।

राज : हाँ, कह तो रूपा भी यही रही थी...उसका बहुत मन था

कि मैं भी साथ जाता मगर...

मुश्ताक : *(झट से)* मगर क्या?

राज : यार तुम तो जानते हो, मन नहीं लगता कहीं और...यहाँ अकेले रहना मंज़ूर है पर...भई अपना शहर, अपना घर तो अपना ही होता है।

मुश्ताक : हर्ज क्या है हो आओ कुछ दिन।

राज : छोड़ो यार कौन जाए उस पत्थरों के शहर में।

मुश्ताक : *(स्वर को हिम्मत बँधाते हुए)* वो सब तो ठीक है पर मान जाओ...कुछ दिनों के लिए यहाँ से चले जाओ।

(राज कुछ ठहरकर मुश्ताक को देखता है और उसकी बात की तह तक पहुँचने के कोशिश करता है।)

राज : बात क्या है?

मुश्ताक : *(आवाज़ काँप जाती है)* राज, तुम जम्मू चले जाओ...बस

राज : मगर क्यों?

मुश्ताक : सवाल मत करो।

राज : मुझे बताओ बात क्या है।

मुश्ताक : मैंने कहा ना, सवाल मत करो।

(अचानक खड़ा होकर खिड़की के पास जाता है। उसके पल्ले बन्द करता है। लौटकर राज के पास आता है जो सोफ़े पर बैठा उसे ही एकटक देख रहा है।)

कल सुबह मैं...मेरा मतलब...आज रात काट लो यहाँ...*(फुसफुसाकर)* मैं कल सुबह आऊँगा...थोड़े अँधेरे में...तैयार रहना...तुम्हें बस-अड्डे तक पहुँचा दूँगा।

(राज उसे देखता रह जाता है। कुछ समझ नहीं पाता।)

आज की रात सँभलकर रहना। मेरे आने से पहले दरवाज़ा मत खोलना। किसी के लिए नहीं...राज...राज तुम चुप क्यों हो...बोलो तैयार मिलोगे ना? कल सुबह राज...कल सुबह...

राज : *(मुश्ताक के सामने आकर उसकी आँखों में झाँककर*

पूछता है) बात क्या है?

मुश्ताक : *(सामने से हट जाता है)* उससे क्या फ़र्क पड़ता है...मैंने कहा न कल सुबह मैं...

(राज फिर मुश्ताक के पास जाता है। उसे कन्धे से पकड़कर अपनी ओर पलटता है। फिर उसे घूरते हुए पूछता है।)

राज : बात क्या है मुश्ताक? पहले बताओ क्या बात है।

(मुश्ताक उसका हाथ अपने कन्धे से हटा देता है। कुछ बोलना चाहता है जो बोल नहीं पा रहा। अजीब पशोपेश में है। कभी बोलने की कोशिश करता है तो दूसरे ही क्षण मुँह दूसरी ओर कर लेता है।)

मुश्ताक : *(बहुत जद्दोजहद के बाद अचानक तीर की तरह यह वाक्य सामने आता है)* तुम्हारा नाम मिलिटेंट्स की हिटलिस्ट में है।

राज : *(चौंककर)* क्या?

मुश्ताक : हाँ राज हाँ...तुम्हारा नाम मिलिटेंट्स की हिटलिस्ट में है।

राज : *(तड़पकर)* नहीं...ये नहीं हो सकता है!

(यह कहते हुए राज धम्म से कुर्सी पर बैठ जाता है। निश्चेत, अवाक, मूर्तिवत्। पार्श्व से मुश्ताक का स्वर सुनाई देता है)

मुश्ताक : काश!

(मुश्ताक राज को वहीं छोड़ निकल जाता है। जाते हुए फुसफुसाकर कहता है)

कल सुबह आऊँगा तैयार रहना।

(राज कमरे में अकेला है। मुश्ताक जा चुका है। राज को मुश्ताक की बात पर अब तक विश्वास नहीं हो रहा है या शायद वह उस पर विश्वास करना नहीं चाहता है। यह राज के जीवन का एक ऐसा हादसा था जिसने राज को अन्दर-बाहर से झकझोर कर रख दिया।)

राज : *(स्वगत)* एक अजीब-सा, अनजाना डर कमरे की हवा में क्यों बहने लगा है? ये साँस के साथ मेरे फेफड़ों में जा

रहा है...खून में मिलकर मेरी रग-रग में बहने लगा है।) ओह...ये खौफ़नाक रात...क्या होता जा रहा है इस रात को...इस रात का अँधेरा ही कहीं...कहीं मेरे भीतर भी...*(अपनी बाँहों को परखकर)* मेरी...नसों में तो नहीं...*(ज़ोर से)* नहीं-नहीं...ये तो मुश्ताक की आदत है...हाँ, मज़ाक करना तो मुश्ताक की आदत है...उसके मज़ाक ऐसे ही...*(अचानक चुप हो जाता है फिर कुछ क्षण बाद)* काश कि वो पलटकर आए और कहे कि मैं मज़ाक कर रहा था। *(दुःख राज को घेर लेता है)* काश!

(वह उठता है और खिड़कियों की चटखनियाँ अच्छी तरह बन्द कर पर्दे खींच देता है। आकर बैठता है। पर बैठते ही करंट लगने की तरह फिर खड़ा हो जाता है। सहम-सहम कर चलता हुआ बाहर मेन गेट तक जाता है। वहाँ लगे ताले को खींचकर देखता है कि वह अच्छी तरह बन्द हैं या नहीं।)

बन्द है...

(आश्वस्त हो भीतर आता है। मकान के पिछवाड़े की ओर बढ़ता है। वहाँ के दरवाज़े की चटखनी जाँचता है।)

अब कैसे आएँगे...पीछे की तरफ से आएँगे तो आगे से भाग लूँगा...आगे से आएँगे तो पीछे से...।

(कहता हुआ वापस कमरे में जाता है। कुछ क्षण बेसब्र-सा खड़ा रह इधर-उधर देखता है। फिर कुर्सी पर बैठ जाता है। फिर उठकर बत्तियाँ बुझा देता है। फुसफुसाती आवाज़ में)

रोशनी में समझ जाएँगे कि मैं अन्दर हूँ...

(एक मोमबत्ती जलाता है। फिर जलती हुई मोमबत्ती लेकर सीढ़ियों की ओर जाता है। सहमी आवाज़ में कहता है।)

यहाँ सीढ़ियों पर बैठूँगा तो उन्हें भनक भी नहीं होगी...

(उकडूँ बैठ जाता है। ठंड से ठिठुर रहा है। पास

रखी काँगड़ी की आँच जाँचता है। काँगड़ी ठंडी हो चुकी है। उसे एक ओर करता है।)

कैसे बीतेगी ये काली लम्बी रात...पेट में भूख दिमाग में खौफ़...ओह ठंड...ये ठंड सीधे हड्डियों में क्यों घुसती जा रही है...

(दाँत किटकिटाता है। बैठा-बैठा मोमबत्ती को देखता रहता है। फुसफुसाते हुए)

कैसा दहशत-भरा सन्नाटा है!

(तभी बाहर सड़क से कुछ कुत्तों के रोने की आवाज़ें और कुछ लोगों की पदचाप सुनाई देती है तो डर से काँप जाता है। फिर पदचाप दूर चली जाती है। मोमबत्ती का धुआँ भी उसे खौफ़ में बदलता दिखाई दे रहा है।)

ओह...ये लम्बी रात...क्या कभी खत्म होगी ये? लगता है कि किसी दरवेश से खत्म न होने का आशीष लेकर आयी है...ये रात कहीं मेरी आखिरी रात तो नहीं? *(काँप जाता है)* क्या इसे ज़िन्दगी कहते हैं? क्या ये मौत नहीं? जीते जी मौत! ज़िन्दा मौत!

(राज के चेहरे पर खौफ़ के स्थान पर उदासी घिर आती है। वह अपने खयालों में खो जाता है। तभी बाहर गेट की घंटी बजती है। वह चौंक उठता है।)

मुश्ताक आ गया क्या? अगर कोई और हुआ तो?

(वह कलाई की घड़ी देखता है।)

सुबह हो गयी है। पाँच बज गये... *(आवाज़ में विश्वास)* नहीं...ये मुश्ताक ही होगा। मगर...अकेला होगा तो खोलूँगा। अगर अकेला न हुआ तो? पहले झाँककर देखता हूँ...अकेला न हुआ तो नहीं खोलूँगा... *(झाँककर)* हाँ, अकेला ही है।

(उठता है और बाहर की ओर चलता है। राज गेट का ताला खोलता है। वहाँ मुश्ताक साइकिल लिये खड़ा है। उसने फेरन पहन रखा है। सिर पर टोपी है। उस पर मफ़लर लपेटा है।)

मुश्ताक : *(फुसफुसाते हुए)* चलो...जल्दी करो।

राज : *(असमंजस में)* मैं...अन्दर...अभी कुछ सामान...

मुश्ताक : *(फुसफुसाते हुए)* राज...वक़्त...नहीं है...मुझे कोई देख न ले...

राज : अन्दर आ जाओ...मैं अभी...

(अन्दर की ओर चला जाता है। मुश्ताक साइकिल खड़ी कर भीतर जाता है। कमरे में खड़ा हो राज को देखता है। राज अजीब मनःस्थिति में खड़ा है। उसके खयालों में रूपा आती है।)

रूपा : *(मंच पर आकर)* दस-पन्द्रह दिन की बात है...घर का खयाल रखना...खाली मत छोड़ना इसे...हालात आजकल कुछ ठीक नहीं हैं।

(राज की आँखें नम हो जाती हैं। रूपा मंच से प्रस्थान करती है।)

मुश्ताक : *(धीमे स्वर में)* राज जल्दी करो...रोशनी होने से पहले हमें यहाँ से निकल जाना है।

(राज असमंजस में है। तभी मुश्ताक को अचानक कुछ याद आता है। वह जेब में हाथ डालता है।)

राज...ये...कुछ रुपये रख लो...

राज : *(नम स्वर में हिचकते हुए)* नहीं...हैं मेरे पास।

मुश्ताक : जानता हूँ...रख लो।

(राज हाथ नहीं बढ़ाता तो मुश्ताक उसकी जेब में रुपये ठूँस देता है।)

चलो राज...प्लीज़ जल्दी चलो।

(राज बाहर निकलने लगता है तो मुश्ताक उसे टोकता है)

बाहर बहुत ठंड है...सिर पर कुछ...

(राज उसकी ओर देखता है। फिर पास रखी एक ऊनी टोपी पहनता है। मफ़लर को ठीक से लपेटता है और बाहर निकलता है। तभी आँगन में रखे गमले नज़र आते हैं। उसके फेरन के एक छोर में एक पौधे की डाल अटक जाती है। वह पलटकर देखता है। फेरन वहाँ से छुड़ाने लगता है कि रूपा

खयालों में आ जाती है।)

रूपा : *(मंच पर आकर)* मेरे पीछे पौधों का खयाल रखना। इन्हें धूप दिखाते रहना...मेरे फूल मुझे लौटने पर ऐसे ही खिले हुए मिलने चाहिए।

(रूपा का मंच से प्रस्थान। राज की नम आँखों से दो बूँद आँसू टपक पड़ते हैं। वह आगे बढ़ जाता है। मुश्ताक साइकिल पर बैठकर राज को बुलाता है।)

मुश्ताक : राज...चलो राज...

(राज दरवाज़ा बन्द करने लगता है कि मुश्ताक उसे टोकता है।)

ओह ये कुंडी-ताला छोड़ो अब...हमें निकलना है।

(राज आकर उसकी साइकिल के आगे बैठने की कोशिश करता है। उसे कुछ चुभता है।)

राज : *(कमर पकड़कर)* ये तुम्हारे...

मुश्ताक : सॉरी...*(अपने फेरन में कुछ ठीक करते हुए)* पिस्तौल है।

राज : *(चौंककर)* पिस्तौल!

मुश्ताक : घबराओ मत...हिफ़ाजत के लिए...*(मुश्ताक भी ठंड से काँप रहा है।)* ओह इतनी सर्दी में हाथ-पाँव कहाँ चलते हैं!

राज : अरे तुम्हारे हाथ तो काँप रहे हैं...मैं चलाऊँ साइकिल?

मुश्ताक : *(साइकिल का हैंडल ठीक से थामते हुए)* तुम तो पूरे काँप रहे हो। चलो बैठो...पतली गली से चलेंगे...अब बैठो भी।

(राज साइकिल पर बैठने लगता है। फिर अचानक रुक जाता है। पलटकर घर को देखता है। वहाँ उसे पहली मंज़िल पर बालकनी में बाहर लगा डिठौना दिखाई देता है। विचारों में रूपा उभरती है। मंच पर रूपा एक स्टूल लेकर प्रवेश करती है।)

राज : *(अतीत का अभिनय करता हुआ)* ये तुम क्या ले आयीं? राक्षस का चेहरा!

रूपा : हाँ, ये राक्षस का चेहरा है...इसे डिठौना कहते हैं समझे...*(डिठौने को ठीक से सीधा कर लगाने के लिए स्टूल पर चढ़ती है)* घर की तरफ जो देखेगा सबसे पहले

उसकी नज़र इसी पर टिकेगी...कभी-कभी टेढ़ा हो जाता है...शायद हवा की वजह से...*(अचानक राज को देखकर)* ऐसे क्या देख रहे हो?

राज : डिठौना!

रूपा : *(स्टूल पर चढ़े-चढ़े)* नये मकान के बाहर लगाया है। यही तो बचाएगा हमारे घर को नज़रे-बद् से...*(उतरकर डिठौने को नमस्कार करती हैं)* डिठौने महाराज, हमारे घर की रखवाली के साथ-साथ मेरे इस बगीचे का भी खयाल रखना...*(गम्भीर होकर)* घर में रिश्तों की गर्माहट रहे...काँगड़ियों का जोश बना रहे...मेहमानों के लिए समावार में कहवा हमेशा तैयार रहे...

(रूपा का प्रस्थान। राज की आँखों से आँसू टपकने लगते हैं।)

मुश्ताक : राज...क्या देख रहे हो राज?

राज : *(काँपती आवाज़ में)* डिठौना...*(व्यंग्य-भरी मुस्कान के साथ)* घर को बुरी नज़र से बचाता है!

मुश्ताक : राज!

(राज साइकिल के पास लौट आता है और फफक कर रो उठता है। मुश्ताक की आँखों में भी आँसू हैं। वह उसके कन्धे पर हाथ रखकर उसके दुःख में शरीक होता है। फिर धीरे-धीरे मुश्ताक साइकिल लेकर और रोते हुए राज को कन्धे से थामे मंच से प्रस्थान करता है।)

(फ्लैश बैक समाप्त)

दृश्य सात

[फ्लैश बैक समाप्त होता है और मंच पर वापस पंडित श्रीकंठ वौखलू के दिल्लीवाले कमरे का पुराना दृश्य है, जहाँ राज कुर्सी पर बैठा है और टाठा जी पलंग पर। शिबन भी मौजूद है। रूपा और शारिका आँखों में आँसू लिये रसोई के दरवाज़े पर एक के पीछे एक खड़ी हुई राज की ओर देख रही हैं। रूपा अपनी साड़ी के पल्ले से आँखें पोंछती है। शारिका रूपा का कन्धा सहला रही है। राज फफककर रो रहा है। शिबन गम्भीर है। टाठा जी की आँखें भी नम हैं। वे भी अपने आँसू पोंछ रहे हैं।]

राज : *(रोते हुए)* क्या सोचता है इन्सान और होता क्या है! अपनी सारी जमापूँजी लगाकर वह नया मकान बनाया था...रूपा के कुछ ज़ेवर भी उसी में... *(आँसू पोंछता है)* क्या-क्या सपने देखे थे! फिर उसे नज़रे-बद् से बचाने के लिए डिठौना भी लगाया था। मगर...वो डिठौना... *(दुःख में भावुक हो जाता है)* वो डिठौना...वह भी छूट गया टाठा जी...वहीं मकान पर लगा-लगा...वहीं छूट गया!

टाठा जी : राज बेटा...राज...

राज : हाँ टाठा जी, डिठौना भी वहीं छूट गया...वहीं छूट गया...वहीं...

शिबन : आँसू बहाने से अब कुछ नहीं होगा...इन आँसुओं को कमज़ोरी नहीं अपनी ताकत बनाना होगा हमें। कोशिश करनी होगी।

टाठा जी : पहली बार शिबन ने अक्ल की बात की है...ठीक कहता है...कोशिशें हो भी रही हैं।

शिबन : आप जिन कोशिशों की बात कर रहे हैं मेरा इशारा उनकी तरफ नहीं है।

टाठा जी : यानी ?

शिबन : आप कहेंगे दोनों मुल्कों की हुकूमत इस मसले पर बात कर रही हैं...पर सवाल ये है कि उजड़े हम हैं हुकूमत नहीं...क्या हम इस बातचीत में कहीं हैं या होंगे ?

टाठा जी : *(तंज़ के साथ)* क्या पिद्दी क्या पिद्दी का शोरबा! अरे तुम चीज़ ही क्या हो कि तुमसे पूछा जाए...बताओ! जाने क्या मंशा है साहबज़ादे की...अब हुकूमत को चाहिए कि कहे कि हुज़ूर शिबन कृष्ण वौखलू साहब आइए और इस मौज़ू पर अपने खयालात पेश कीजिए।

शिबन : ठीक है...ठीक है...मैं कुछ नहीं...पर वो बातों के अलावा क्या करते हैं...क्या किया है आज तक उन्होंने ? मेरे खयाल में वो सारी कोशिशें नामर्दों की कोशिशें हैं जो सिर्फ़ बातें करते रहेंगे...बातें...बस उनकी बातें सुनो...बातें खाओ...बातें ओढ़ो और खुश रहो...क्योंकि कोशिशें तो हो ही रही हैं!

शारिका : शिबन...क्या हो गया है तुम्हें ?

टाठा जी : तुम कहना क्या चाहते हो ?

शिबन : *(खड़ा होकर)* मैं कुछ कहना नहीं चाहता...कम से कम आपसे तो कुछ भी नहीं...आप गुज़रे दिनों की यादों और ख़्वाबों का सिरहाना लगाकर बैठे रहिए आराम से।

रूपा : शिबन ज़बान सँभाल के!

टाठा जी : *(गुस्से से)* तो तुम क्या पहाड़ों पर बर्फ़ काटकर रास्ता बना रहे हो ?

शिबन : *(जाते-जाते)* हाँ-हाँ, रास्ता बना लूँगा एक दिन...ज़रूर बना लूँगा रास्ता भी...

(शिबन का प्रस्थान। शारिका भी उसके पीछे-पीछे जाती है।)

शारिका : शिबन...शिबन...सुनो...

टाठा जी : *(दुःखी स्वर में)* यह इसका नहीं, मेरी किस्मत का कसूर है...वर्ना...

रूपा : *(दिलासा देते हुए)* टाठा जी...छोड़िए न...आप उससे उलझते ही क्यों हैं ?

टाठा जी : अरे तुम लोग भी तो यहीं बैठे थे...बताओ...बताओ, ऐसा

क्या कहा था मैंने कि वो मुझ पर यूँ बरस पड़ा...दिल्ली के ओलों की तरह...कहीं भी, कभी भी, ज़ोर से, अचानक!

राज : इसमें कसूर न आपका है न शिबन का। हालात ही ऐसे हैं...कोई सामने न हो तो कभी-कभी आदमी खुद अपने आप से ही लड़ने लगता है।

टाठा जी : मानता हूँ हालात ऐसे हैं...तभी तो बातचीत के ज़रिए...

राज : *(बात काटकर)* टाठा जी...एक बात बताइए...क्या हल निकालेंगी ये हुकूमतें बात करके?

टाठा जी : राज...तुम भी शिबन की तरह...

राज : नहीं...नहीं...वो बात नहीं...मान लिया कि ये हुकूमतें ज़मीन के मसले का हल निकाल भी लेंगी...पर इन्सानी रिश्तों और कश्मीरियों के दिलों पर लगे ज़ख्मों का क्या होगा? क्या होगा इनका टाठा जी? बताइए क्या होगा?

टाठा जी : जो खो गया वो तो वापस नहीं आ सकता पर...

राज : पर कुछ नहीं टाठा जी, पर कुछ नहीं...इलैक्शन होते हैं...एक सरकार जाती है दूसरी आती है...पूरी वादी पोस्टरों से दब जाती है...रंग-बिरंगे वादे हवा में उछाले जाते हैं पर वो लौटकर कभी नहीं आते...वो वादे भी बस यादों की शक्ल ले लेते हैं...ऐसे में किस पर भरोसा करें...किस तरफ उम्मीद से देखें...बताइए...

टाठा जी : माना तुम कुछ गलत नहीं कह रहे हो, पर सोचकर देखो ये क्या कम है कि एक सिलसिला शुरू हुआ। वैसे भी इलैक्शन न हो तो ये शिकायत कि इलैक्शन नहीं हो रहा...होता है तो ये शिकायत कि इलैक्शन में गड़बड़ी हुई। हालात कब ठीक होंगे ये तो नहीं कहा जा सकता, पर कभी न कभी तो ठीक होंगे ही...और मान लो मेरी बात...इसी रास्ते से ठीक होंगे...बातचीत के रास्ते ही।

राज : शायद आप ही ठीक कहते हों पर मुझे तो कोई हल नज़र नहीं आता...जो कुछ भी हो हमारी ज़िन्दगियाँ तो बिखर गयीं...अब तो ज़िन्दगी के यहाँ-वहाँ बिखरे रेशों को समेटकर जी रहे हैं...*(उठकर)* खुशनुमा हिस्सा तो वहीं छूट गया...सुकून भी वहीं छूट गया...वहीं छूट गया सब

कुछ...वहीं...

टाठा जी : *(परेशान से)* कहाँ तलाशें उसे जो अब छूट गया!

(कहते-कहते मायूस होकर वह भी प्रस्थान करते हैं।)

रूपा : *(भारी मन से)* हाँ छूट गया...सब कुछ छूट गया...न जाने कहाँ...पर...पर छूट पाया क्या? जी-जान लगाकर छोड़ना चाहें तब भी छूट पाता है क्या?

(रूपा अपने खयालों में खोई हुई आगे बढ़ती है और जाकर मंच पर रखे चिनार के पेड़ के तने पर बैठ जाती है। वह अपनी पुरानी यादों में खो जाती है। पार्श्व से हब्बा खातून के गीत की कुछ पंक्तियों का भावानुवाद सुनाई देता है —)

गीत

सीने में ये आँच बसी है कैसी
डाली नम कोई सुलग रही है ऐसी
धीमे-धीमे-धीमे
हाय, किसी का बचपन न खो जाए
किसी का बचपन न खो जाए।

दृश्य आठ

(फ्लैश बैक)

[मंच पर एक ओर सुहैल फ़र्श पर बैठा कोई पतंग ठीक कर रहा है। पास ही कुछ और पतंगें भी बिखरी हुई हैं। एक गोंद का डिब्बा भी है। कभी खड़ा होकर माँझे को पकड़ उस पतंग को उड़ाकर देखता है। फिर एक असन्तुष्टि का भाव उसके चेहरे पर आता है तो बैठकर पतंग ठीक करने लगता है। वह अपने काम में डूबा हुआ है।]

सुहैल : लगता है आज लेई कुछ ठीक नहीं बनी...ज़रा पतली हो गयी है...ओह कितना वक़्त लग रहा है चिपकने में...पर चलो काम तो हुआ...*(साँस-सी लेकर)* ओह उकड़ू बैठे-बैठे टाँगें टूट-सी गयीं...जब तक ये सूखे ज़रा कमर सीधी की जाए *(लेट जाता है और कुछ गुनगुनाता है। फिर अचानक उठकर पतंग देखता है)* चलो सूख ही गयी...भई वाह...क्या बात है! क्या रंग हैं! आज की पतंग सबकी पतंगों को मात दे देगी!

(कम उम्र की चुलबुली-सी रूपा लगभग कुलाँचे भरती हुई आती है।)

रूपा : *(उत्साहित स्वर में)* सुहैल...सुहैल...कहाँ हो? *(उसे देखकर ठिठकती है)* तुम बस पतंगें बनाते रहना...कुछ जानते भी हो?

सुहैल : क्या?

(बराबर पतंग को ठीक करता रहता है। रूपा पास ही रखी अन्य पतंगें उठाकर उन्हें इधर-उधर बिखराने लगती है।)

अरे...रूपा...रूपा...ये क्या! अरे मैंने बड़ी मुश्किल से ठीक की हैं...फट जाएँगी...रूपा...

(रूपा खुशी से मंच पर पतंगों के साथ झूम-सी रही है।)

रूपा : *(प्रफुल्लित स्वर में)* फट जाएँगी तो जोड़ लेना।

सुहैल : रूपा...रूपा...

रूपा : मेरा एडमिशन हो गया...तुम्हारे ही कॉलेज में...अब हम एक साथ·एक कॉलेज में होंगे...

(फिर उसके हाथ से माँझा लेकर वह पतंग उड़ाने लगती है। सुहैल हैरान हो उसे देख रहा है। अब धीरे-धीरे सुहैल के चेहरे से हैरानी के भाव मिट जाते हैं। वह रूपा को अपनी पतंगों से खेलता देख रोमांचित हो उठता है। अपने कल्पना-लोक में डूबा वह उसे देख रहा...दुनिया से बेखबर।)

सुहैल हम साथ होंगे...स्कूल के बाद अब कॉलेज में भी साथ-साथ...तीन साल साथ-साथ...*(स्वगत)* तीन साल! हमेशा रहेंगे साथ-साथ।

सुहैल : शुक्र है स्कूल से पीछा छूटा।

रूपा : स्कूल से या डॉ. सैयद से?

सुहैल : एक ही बात है...स्कूल का नाम लो तो चश्मे में से झाँकती उनकी खौफ़नाक आँखें नज़र आती हैं। मुझे तो...डर था किसी दिन मेरी जान ही न ले लें वो।

रूपा : अब ऐसा भी क्या कर दिया बेचारों ने...प्रिंसिपल हैं स्कूल के, कोई जल्लाद तो नहीं।

सुहैल : हाँ हाँ...तुम तो कहोगी ही...पर तुम्हें क्या पता...जानती भी हो दो सालों से मेरी जान आफत में कर रखी थी।

रूपा : तुम्हारी जान! *(स्वगत)* वो तो मैं हूँ!

सुहैल : क्या?

रूपा : कुछ नहीं।

सुहैल : बाप रे, पीछा छुड़ाना मुश्किल था उनसे...तुम्हारा तो कुछ खास ही खयाल रखते थे...याद है एक दिन तुम नल से पानी पी रही थीं...मेरे हाथ में चोट लग गयी थी...मैं अपने

हाथ की वो चोट धोने नल के पास आया...

रूपा : हाँ तुम्हारे हाथ से खून की कुछ बूँदें टपक रही थीं...खून देख मैं घबरा गयी थी। तुमने कहा...

सुहैल : *(अतीत का संवाद)* घबराओ मत...मैं हाथ धो रहा हूँ...*(वर्तमान में लौटकर)* पर तुमने झट मेरा हाथ अपने हाथ में ले लिया और नल के नीचे ले गयी थीं।

रूपा : हाँ, मैंने तुम्हारा हाथ धोया था।

सुहैल : फिर तुमने अपने रूमाल से मेरा हाथ बहुत सँभालकर पोंछा था...आहिस्ता आहिस्ता...

रूपा : तभी किसी की आवाज़ आयी...

सुहैल : *(प्रिंसिपल का अभिनय कर)* ऐ...क्या हो रहा है ये?

रूपा : हाँ, वही थे...डॉ. सैयद...उन्हीं की आवाज़ थी।

सुहैल : इसे तुम आवाज़ कहती हो? चीख...जोरदार चीख...*(दोबारा कड़ककर अभिनय करके)* ऐ...क्या हो रहा है ये?

रूपा : और मैं काँप गयी थी...तुम्हारा हाथ हाथ से छूट गया था।

सुहैल : अरे मेरे तो पसीने छूट गये थे उस आवाज़ पर...बाप रे...फिर तुम्हें कहा, जाओ क्लास में...तुम चली गयीं और मुझे...मुझे अपने दफ्तर में ले गये। मैंने लाख कहा कि मुझे चोट लगी थी...वो पट्टी बाँध रही थी...पर उन्होंने एक न सुनी।

रूपा : *(हँसकर)* सारी दोपहर तुम्हें वहीं खड़ा रखा...अपने दफ्तर के कोने में...

सुहैल : हाँ...और धमकी दी *(प्रिंसिपल का अभिनय करके)* बहुत पर निकल आये हैं...डॉ. सैयद शाहनवाज़ का स्कूल है ये...यहाँ बदमाशियाँ नहीं चलेंगी...अगली बार ऐसा कुछ देखा तो तुम्हारी खाल उधेड़ दूँगा भेड़ की तरह! समझे...और तुम्हारी अम्मी को बुलाकर तुम्हारी रसीद काट दूँगा...बैरंग वापस!

(रूपा उसके अभिनय पर ज़ोर से हँसती है।)

रूपा : और उसके बाद...

सुहैल : उसके बाद तो बस पूछो मत...पूरे स्कूल में मैं जहाँ जाता लगता उनकी नज़रें मेरी पीठ पर चिपकी हुई हैं। अभी

चीखेंगे। तुम आस-पास होतीं तो डर के मारे मेरी जान समझो बस मेरी मुट्ठी में रखी होती।

रूपा : *(हँसकर)* याद है वो दिन...मैं स्कूल में मिठाई लेकर आयी थी...भाई की शादी की मिठाई...तुम्हें खिला रही थी। तुमने मुँह खोला...जैसे ही एक टुकड़ा तुम्हारे मुँह में गया पीछे से किसी की आवाज़ आयी। मिठाई वहीं फेंक तुम भागे।

सुहैल : *(चिढ़कर)* ये भी कहो कि दुम दबाकर भागे!

रूपा : *(हँसकर)* ऐसे भागे ऐसे भागे कि मुड़कर भी नहीं देखा कि कौन है...वो तो स्कूल का चपरासी था—नूरा।

सुहैल : जानता हूँ जानता हूँ वो चपरासी था—नूरा। तुम्हें क्या तुम हँसो...तुम्हें उन खौफ़नाक आँखों का सामना करना पड़ता तो पूछता...

(रूठ-सा जाता है।)

रूपा : *(हँसी को नियन्त्रित कर)* ओ हो...अच्छा बाबा छोड़ो वो सब...क्या छोटी-सी बात पर मुँह बना लेते हो...अब वो आँखें तुम्हारा पीछा नहीं करेंगी। स्कूल की बेड़ियाँ टूट चुकी हैं। अब हम कॉलेज में आ गये हैं। तीन साल कॉलेज में रहेंगे। साथ-साथ। अब हम आज़ाद हैं...हवा भी आज़ाद है...

सुहैल : अब चारों ओर आज़ादी का माहौल होगा...

(सुहैल खोया-प्रफुल्लित-सा एक ओर जाता है जहाँ उसकी मेज़ है। उस पर एक डायरी रखी है। वह डायरी उठा लेता है। अपने में डूबा-डूबा-सा कुछ लिखने लगता है। रूपा अपने खयालों में अलग खोयी हुई है।)

रूपा : *(स्वगत)* आज़ादी का माहौल...नया माहौल...पहरा नहीं... पहरेदारी नहीं...रोज़ सुबह बस स्टॉप पर मिलेंगे हम। साथ-साथ बस में जाएँगे...पास-पास बैठकर या कभी पास-पास खड़े होकर...*(सोचकर)* पर ऐसा भी तो हो सकता है कि मुझे सीट मिल जाए और तुम्हें नहीं...तब मैं सीट पर बैठूँगी और तुम मेरे पास खड़े रहोगे...अपनी

किताबें मुझे पकड़ाकर...उन किताबों को मैं गोद में सँजोए रखूँगी...प्यार से...*(तभी चौंककर)* अरे...कैसी पगली हूँ मैं!

(झेंपकर पलटती है और सुहैल की ओर देखती है। सुहैल को लिखता देख ठिठकती है। फिर धीरे-धीरे उसके पास जाकर उसकी डायरी छीनना चाहती है।)

सुहैल : अरे *(चौंककर)* ये तुम...छोड़ो मेरी डायरी!

रूपा : *(हँसते हुए)* नहीं, मैं देखूँगी...क्या लिखते रहते हो...

सुहैल : रूपा प्लीज़...छोड़ो!...

रूपा : *(दृढ़ स्वर में)* नहीं, मुझे पढ़नी है।

(तभी अचानक सुहैल कुछ सोचता है और डायरी उसे दे देता है। सुहैल के चेहरे पर शैतानी-भरी मन्द-मन्द मुस्कान उभरती है। रूपा डायरी खोलकर देखती है और झल्ला जाती है। डायरी बन्द करती है और गुस्से से सुहैल को वापस थमाती है।)

सुहैल : *(हँसकर)* पढ़ ली?

रूपा : *(रूठे स्वर में)* जानते हो न मैं उर्दू नहीं पढ़ पाती...इसलिए हमेशा...हमेशा डायरी उर्दू में लिखते हो।

सुहैल : *(हँसकर)* जब चिढ़ जाती हो तब और बेहतर लगती हो।

(रूपा उसे मुक्का दिखाती है और फिर मारने दौड़ती है। सुहैल बचता है। फिर रूपा उसकी बाँह पर एक मुक्का जमाकर रुक जाती है।)

रूपा : *(गम्भीर स्वर में)* सुहैल!

सुहैल : हाँ

रूपा : सुहैल मुझे उर्दू सिखाओगे?

सुहैल : *(मुस्कराकर)* क्यों नहीं?

रूपा : कब से?

सुहैल : आज से...अभी से...

रूपा : नहीं...कल से...पहला सबक कल कॉलेज से आने के बाद।

सुहैल : जी सरकार!

रूपा : *(चौंककर)* बाप रे...टाठा जी ने कहा था बड़ी अम्मी से खाँसी की दवा लेती आना और मैं यहाँ...

(प्रस्थान करने लगती है परन्तु फिर बीच से ही पलट कर आती है।)

कल सुबह साथ चलेंगे...पहला दिन है...*(कुछ रुक कर)* मगर अपने वो फेवरेट फटे जूते पहनकर मत चल देना...आज ही एक जोड़ी खरीद लेना...

(सुहैल झेंप जाता है। रूपा प्रस्थान करती है। जाते-जाते कहती है)

मैं इन्तज़ार करूँगी...सुबह...

सुहैल : *(दुःख-भरी मुस्कान के साथ)* हँह, फटे जूते! पहनने तो कल भी फटे जूते ही पड़ेंगे!

(कहते हुए मंच से प्रस्थान करता है।)

(फ्लैश बैक समाप्त)

दृश्य नौ

[रूपा का फ़्लैश बैक समाप्त होता है। मंच पर पुराना दृश्य प्रकट होता है जहाँ रूपा और शारिका खड़ी हैं। शारिका आगे बढ़कर रूपा के कन्धे पर हाथ रखती है तो रूपा उसके हाथ को सहला देती है।]

रूपा : *(अपने में खोई हुई-सी)* खिसकता हुआ समय अपने पीछे जम्मू या दिल्ली के तपते आँगन में गीले पैरों की छाप जैसे अनगिनत लम्हे छोड़ जाता है।

शारिका : हाँ ढेरों कैसेट्स जिनमें बन्द होते हैं यादों के छोटे-बड़े टुकड़े...या चिथड़े।

रूपा : *(मुस्कराकर)* पगली! चिथड़े कहती है उन्हें...वही तो होते हैं फिर फटेहाल ज़िन्दगी के खुशनुमा पैबन्द!

शारिका : हाँ, फिर हिचकोले खाती बस में...किसी किताब की ओट में...जलसे में...किसी छत के नीचे खुश्क, अकेली चुप्पी में...बस यही पैबन्द-भरे कैसेट्स दिमाग में चलने लगते हैं।

रूपा : हाँ, इन्हीं पैबन्दों की खुशबू के सहारे हम ज़िन्दगी के किनारे-किनारे चलते रहते हैं...बराबर...चलते रहते हैं...

शारिका : समय की लहरें गिनते हुए।

रूपा : *(गम्भीर स्वर में)* पर जानती है शारिका...आज भी...इतने बरस बाद भी...हालात बदल जाने के बाद भी जब-जब श्रीनगर की कोई बुरी खबर सुनती या पढ़ती हूँ तो दिमाग में एक कील ठुक जाती है।

शारिका : कील ?

रूपा : हाँ, उस कील की आवाज़ में एक ही गूँज होती है—सुहैल कहाँ होगा, किस हाल में होगा!

(शारिका भाव विह्वल हो आगे बढ़ती है और रूपा का हाथ थाम लेती है। दोनों का प्रस्थान होता है और टाठा जी का प्रवेश।)

टाठा जी : *(स्वगत)* इतनी ठंड तो नहीं है दिल्ली में...पर लगती ज़्यादा है...न जाने क्यों...यहाँ की ठंडी हवाएँ कुछ खुश्क ज़्यादा होती हैं...नमी की कमी है...*(ठहर कर सोचते हैं कि क्या बोल गये। मुस्कराते हैं)* नमी की कमी! वो बर्फ़ के दिन...वो नमी...अब ख्वाब की बातें हैं...वहाँ तो बर्फ़ गिर रही होगी। खिड़की बन्द कर दूँ, हवा ठंडी है...

(कहते हुए टाठा जी उठते हैं, खिड़की के पास पहुँचते हैं। बन्द करते हुए अचानक रुक जाते हैं और बाहर झाँक कर देखते हैं।)

अरे...ये तो...

(खिड़की खुली छोड़ बाहर आते हैं और चिनार के पेड़ के तने पर जाकर बैठ जाते हैं। पास रखी एक काँगड़ी उठाकर उसकी आँच ठीक करते हैं। अपने विचारों में खो जाते हैं।)

दृश्य दस

(फ्लैश बैक)

[टाठा जी श्रीनगर के घर में हैं। तभी शारिका हाथ में बर्फ़ लिये दौड़ी चली आती है।]

शारिका : टाठा जी...शीन मुबारक...शीन मुबारक टाठा जी...

टाठा जी : *(चौंककर)* शीन मुबारक! क्या बर्फ़ गिरी?

शारिका : *(हाथ की बर्फ़ टाठा जी को पकड़ाती है)* आप कमरे में काँगड़ी लिये बैठे हैं...बाहर देखिए मौसम की पहली बर्फ़...चारों तरफ बर्फ़ ही बर्फ़...शीन मुबारक टाठा जी शीन मुबारक!

टाठा जी : अच्छा अच्छा भई, शीन मुबारक!

शारिका : ऐसे नहीं, इस बार आपके पोते की पहली सर्दियाँ हैं और बर्फ़ पड़ने की खबर मैंने आपको दी है...शीन-मुबारक मैंने कहा है सबसे पहले...*(हाथ बढ़ाकर)* लाइए मेरा तोफा।

टाठा जी : तेरा तोफा! तेरा इनाम तो मैं जरूर दूँगा। जल्दी ही चमन के घर जाकर उसके पिता से तेरे रिश्ते की बात करूँगा।

शारिका : *(शर्मा कर मगर झूठा गुस्सा दिखाते हुए पैर पटकती चली जाती है)* टाठा जी...आप भी बस...मैं अपना तोफा लेकर रहूँगी...शीन मुबारक तो मैंने कहा...

टाठा जी : *(हँसते हुए)* हाँ हाँ तूने कहा...भई शीन मुबारक तो इस बार तूने ही कहा। ठीक है...ठीक है...इतनी ठंड है...अरे भई, अब चाय-वाय कुछ मिलेगी या नहीं?

शारिका : *(मुग्ध भाव से)* नहीं, आज सिर्फ़ बर्फ़ मिलेगी बर्फ़...ठंडी गोरी बर्फ़!

टाठा जी : *(हँसते हुए)* बचपन से यही हाल है तेरा...बर्फ़ को देखते

ही पगला जाती है...पगली कहीं की!

शारिका : *(गीत गाकर झूमती-सी है)*

ठंडी गोरी बर्फ़ है आई
खुशियों की बारिश है लाई
जाड़े बाबा चहक रहे हैं
बिटिया ज्यों हो मायके आई।

टाठा जी : वाह वाह! वाह वाह!

जाड़े बाबा चहक रहे हैं
बिटिया ज्यों हो मायके आई।

शारिका : टाठा जी सोचकर देखिए, आपने फेरन तो पहन ही रखा है...हाथ में काँगड़ी भी है...बस सिर के बाल सफेद कर दें और लम्बी-सी दाढ़ी लगा दें...वो भी सफेद...बिल्कुल सफेद...बन गये आप जाड़े बाबा!

टाठा जी : अब कहेगी *(शारिका का अभिनय कर)* मैं हुई गोरी बर्फ़!

शारिका : *(इतरा कर)* हाँ!

टाठा : *(गम्भीर होकर)* नहीं...ये नहीं हो सकता।

शारिका : क्यों?

टाठा जी : *(शैतानी से)* क्योंकि बर्फ़ तो जाड़े बाबा के पास अपने मायके आयी है...पर तेरा तो ब्याह होना अभी बाकी है।

शारिका : *(झूठा गुस्सा दिखाकर)* ऊँ...टाठा जी...फिर वही बात शादी की! मैं नहीं बोलूँगी...कभी नहीं बोलूँगी आपसे अब...

(पैर पटकते हुए शारिका का प्रस्थान)।

टाठा जी : अरे-अरे सुन तो...

(तभी रूपा का समावार में कहवा लिये प्रवेश।)

रूपा : चाय गरम...कहवा गरम... *(जाती हुई शारिका की ओर संकेत कर)* इसे क्या हुआ?

टाठा जी : कुछ नहीं बर्फ़ के आने की खुशी में चहक रही है।

(रूपा टाठा जी को पहले एक छोटा तौलिया या रूमाल पकड़ाती है, फिर खोस अर्थात् चाय पीने का कश्मीरी प्याला और अन्त में उसमें एक घूँट चाय डालकर प्रतीक्षा करती है।)

रूपा : अरे हाँ टाठा जी...शीन मुबारक हो!

टाठा जी : शीन मुबारक, भई शीन मुबारक...पर बाज़ी तो शारिका ने मार ली...पहला शीन मुबारक उसी का था।

(चाय का घूँट पीते हैं।)

रूपा : *(झूठे गुस्से से)* उसने न भी कहा हो तो भी आप यही कहेंगे...लाड़ली जो है आपकी...और हम कुछ नहीं!

टाठा जी : नहीं–नहीं, तुम्हें भी शीन मुबारक का तोफा मिलेगा भई।

रूपा : पर आप तो कह रहे थे...पहले शीन मुबारक शारिका ने कहा।

टाठा जी : हाँ पर...शीन मुबारक के साथ पहला गरम कहवा तो तुम्हीं पिला रही हो।

(दोनों हँसते हैं।)

रूपा : अच्छा बताइए...चीनी ठीक है?

टाठा जी : हाँ सूफ़ियाना है...पर बर्फ़ की खुशी में थोड़ी और डाल दो...मिठास ज़रा तेज़ हो तो जान–सी आ जाती है...बादाम भी ज़रा कंजूसी से डले हैं...थोड़े और डालो।

(रूपा जाने लगती है।)

रूपा : जी, अभी लाई।

टाठा जी : *(पुकार कर)* सुन...तेरी माँ कहाँ है?

रूपा : *(जाते-जाते)* वहीं...ठाकुर जी की सेवा में...

(रूपा का प्रस्थान।)

टाठा जी : *(विनोद के भाव से स्वगत)* चलो उसे उसके ठाकुर जी के पास जाकर ही शीन मुबारक बोल आऊँ...*(मुग्ध होकर गुनगुनाते हुए)* शीन मुबारक भई शीन मुबारक!

(फ्लैश बैक समाप्त)

दृश्य ग्यारह

[फ्लैश बैक समाप्त होते ही दिल्ली में पंडित श्रीकंठ वौखलू का घर दिखायी देता है। टाठा जी तने से उठकर खिड़की के पास आते हैं। मुस्कराते हुए खिड़की बन्द करते हैं। शारिका कुछ उठाने आती है।]

टाठा जी : *(अपने में खोए हुए से, फुसफुसाकर)* शीन मुबारक...शीन मुबारक!

शारिका : *(सुनती है पर समझ नहीं पाती)* शीन मुबारक? कुछ कहा आपने?

टाठा जी : नहीं, बस यूँ ही...मन ही मन गिन रहा था कि इस बार खिचड़ी अमावस कौन-से दिन पड़ेगी।

शारिका : *(हैरान होकर)* क्या?

टाठा जी : अरे भई खिचड़ी अमावस और क्या! शायद छुट्टी का ही दिन होगा...शनिवार या इतवार...

शारिका : अचानक खिचड़ी अमावस की याद क्यों आयी टाठा जी? कहें तो आज ही खिचड़ी बना दूँ!

(रूपा का प्रवेश।)

टाठा जी : नहीं भई...कैसी बच्चों जैसी बातें करती हो...आज ही बना दोगी! भई, त्योहार की अपनी ही बात होती है। *(कुछ ठहरकर)* अरे जानती हो बोयटोठ की चिट्ठी आयी थी...उनका काका जी आ रहा है। इस बार खिचड़ी अमावस के दिन यहीं होगा...हमारे साथ। बरसों से अमरीका में रह रहा है। वो भी देखे हमारी खिचड़ी अमावस!

रूपा : हाँ, और सबके साथ यहाँ खिचड़ी खाए...*(गम्भीर स्वर में)* पर काका जी क्या करने आ रहा है?

टाठा जी : होगा कुछ काम...क्या खबर शादी के लिए लड़की देखने

ही आ रहा हो। अच्छा है किसी के आने से घर में ज़रा रौनक हो जाएगी। क्या तुम लोग तब तक...

रूपा : नहीं टाठा जी, हम तो बस दो-तीन दिन हैं यहाँ...जिगरी वहाँ अकेली हैं। ज़्यादा ठहरना मुमकिन न होगा।

टाठा जी : हाँ भई, अपना-अपना घर है...अब जैसा भी है...तुम्हारी माँ होती तो खिचड़ी के साथ देसी मछली पकाती...रोगन जोश बनाती...

रूपा : और सबसे पहले छत पर जाकर यक्ष के लिए रख आती।

शारिका : फिर हम लोग सारी रात यक्ष का इन्तज़ार करते...कि वो आये तो हम उसकी हीरे-जवाहरात वाली टोपी छीन लें।

रूपा : वो यक्ष कभी नहीं आया...

शारिका : पर हम आज भी उसका इन्तज़ार करते हैं। *(कहीं खोकर)* अपने घर और गृहदेवता से दूर होकर आज भी उसका इन्तज़ार करते हैं...मन से चाहते हैं कि वो आये और इसी उम्मीद के साथ हर साल यह त्योहार मनाते हैं कि एक दिन वो ज़रूर आएगा...जवाहरातों वाली अपनी टोपी पहने वो यक्ष ज़रूर आएगा...

टाठा जी : *(कुर्सी के हत्थे का सहारा लेकर सीधे बैठते हुए)* शारिका...शारिका...

शारिका : *(चौंककर)* जी!

टाठा जी : *(शारिका का ध्यान बँटाने के लिए बात बदल कर)* बेटी गोशा कहाँ है?

शारिका : आता ही होगा...अपने दोस्त के साथ गया है...सामने पार्क में।

टाठा जी : अच्छा-अच्छा...अच्छा ही है...उसका भी जी लग जाता है...रूपा बेटी राज कहाँ है?

रूपा : पुरानी दिल्ली गये हैं...शायद टिम्बर मार्किट...कह रहे थे आते-आते शाम हो जाएगी।

टाठा जी : अच्छी बात है...आओ बाहर चलें...पार्क में बैठकर धूप सेकें। दिल्ली की धूप जो गर्मियों में कहर बरसाती है।

रूपा : चलिए टाठा जी।

(टाठा जी आगे तथा रूपा और शारिका पीछे-पीछे प्रस्थान करते हैं।)

दृश्य बारह

[राज बाज़ार में चला जा रहा है। इत्तिफाक से डॉ. नसीरुद्दीन डार भी उसी बाज़ार से गुज़र रहे हैं। वे राज को देखकर हैरान होते हैं और उसे पुकारते हैं।]

डॉ. नसीर : *(खुशी से)* अरे राज...राज...यार तुम यहाँ!

राज : *(रुँधे गले से)* डॉक्टर साहब!

(दोनों गले मिलते हैं।)

डॉ. नसीर : *(रुँधे गले से)* कहाँ चले गये हो यार...ऐसे नाराज़ होते हैं दोस्तों से!

राज : कैसी बातें करते हैं डॉक्टर साहब...मैं तो...

डॉ. नसीर : अच्छा ये बताओ कैसे हो? क्या करते हो? रूपा कैसी है?

राज : सब ठीक है...सब ठीक है...ठीक हो जाएगा सब...ये ज़िन्दगी है...ऐसी ही है...मनमानी करती है!

डॉ. नसीर : बहुत ढूँढ़ा तुम्हें...बहुत लोगों से पूछा...पर देखो तुम मिले भी तो कैसे अचानक...सच है यही ज़िन्दगी है!

राज : आप यहाँ दिल्ली में कैसे? घर में सब...भाभी जान...

डॉ. नसीर : *(साँस छोड़ते हुए)* हाँ सब ठीक है...घर ही जा रहा हूँ अब दो साल बाद...

राज : दो साल बाद! क्या मतलब?

डॉ. नसीर : ये भी एक अजीब दास्तान है! *(इधर-उधर देखकर)* चलो चलकर उधर बैठें?

राज : हाँ हाँ...चलिए।

(डॉ. नसीर जाकर चिनार के पेड़ के तने पर बैठते हैं।)

डॉ. नसीर : ऐसे में चाय हो तो? *(फिर पुकारकर)* अरे भई, दो कप चाय लाना...*(कुछ खोती-सी आवाज़ में)* तुम लोग तो

श्रीनगर से पहले ही चले आये...हालात बिगड़ते जा रहे थे। *(आवाज़ में अपनापन उभरता है)* तुम्हें याद है वो गुल्ला? अरे वो अपना गुल्ला जिसे मैंने बचपन से घर में सहारा दिया...घर के काम-काज करता था वो...

राज : *(आत्मीयता से)* हाँ हाँ...गुल्ला...अपना गुल्ला...

(तभी एक लड़का दो कप चाय लेकर आता है। दोनों चाय लेते हैं।)

डॉ. नसीर : अचानक वो एक दिन घर से ऐसा लापता हुआ कि पलटने का नाम ही नहीं लिया। कई महीने गुज़र गये...फिर एक दिन अचानक एक बर्फ़ीली रात में...

(डॉ. नसीर चाय का कप किनारे रखते हैं। उठकर मंच पर सामने आते हैं। राज उन्हें पीते-पीते देखता रहता है। डॉ. नसीर स्मृतियों के सहारे आपबीती सुनाते हैं और फ्लैश बैक शुरू होता है।)

दृश्य तेरह

(फ्लैश बैक)

[पार्श्व से गोलियाँ चलने की आवाज़ें। बीच-बीच में कुत्तों की आवाज़ें भी सुनाई दे रही हैं।]

डॉ. नसीर : *(स्वगत)* किस कदर सर्दी है। इस साल श्रीनगर में बर्फ़ कुछ ज़्यादा ही गिरी...*(काँगड़ी देखता है)* ये काँगड़ी भी कुछ मद्धम पड़ गयी है...नफ़ीसा और शाहाना सो गयी होंगी...*(कुत्तों की आवाज़ें आती हैं)* ये कुत्ते भी बस...*(मुस्कराता है)* बर्फ़ की हर बारिश के बाद बर्फ़ में लोटकर कैसे खुश होते हैं...*(चेहरे पर कोमल भाव आते हैं)* अम्मी ठीक कहती थीं बर्फ़ को मामा समझते हैं ये...तभी तो खुशी से बावले हो जाते हैं...बर्फ़ मामा के आने की खुशी में...*(हँसकर)* हँ हँ हँ हँ बर्फ़ मामा...

(तभी दरवाज़े पर दस्तक होती है।)

इस सर्द रात में कौन होगा? *(बुलन्द आवाज़ में)* अरे भई कौन है?

गुल्ला : मैं हूँ...दरवाज़ा खोलिए...मैं गुल्ला...

(डॉ. साहब दरवाज़ा खोलते हैं तो फेरन पहने गुल्ला प्रवेश करता है।)

डॉ. नसीर : *(हैरान होकर)* अरे गुल्ले तू...कहाँ मर गया था?

गुल्ला : *(अचकचाकर मगर हिम्मत से)* तमीज़ से बात कीजिए डॉक्टर साहब!

डॉ. नसीर : अरे भई ऐसा भी क्या कह दिया मैंने...*(उसके फेरन पर ध्यान देकर)*'अरे ये तुमने फेरन में क्या छिपा रखा है?

गुल्ला : *(पिस्तौल निकालकर दिखाता है)* ये है।

डॉ. नसीर : *(घबराकर)* क्या! ए के फौर्टीसेवन। *(सँभलकर)* अरे भई मैं तो मज़ाक कर रहा था। आओ अन्दर आओ...तुम तो बच्चे हो अपने। कहाँ रहे इतने दिन?

गुल्ला : मैं जंगजुओं में शामिल हो गया हूँ। हर तरह के हथियार चलाने की ट्रेनिंग ले चुका हूँ और मुल्क की आज़ादी की राह में कुर्बानी की कसम खा ली है।

डॉ. नसीर : *(जैसे-तैसे)* बहुत अच्छा...तुम जैसे होनहार नौजवान से यही उम्मीद थी।

गुल्ला : *(बेसब्री से)* रात बहुत हो चुकी है...मुझे पहुँचना था पर...

डॉ. नसीर : *(धड़कते दिल से)* पर क्या?

गुल्ला : आपसे एक दिल की बात करने आया हूँ।

डॉ. नसीर : हाँ हाँ, कहो।

गुल्ला : सिर पर कफ़न तो बाँध लिया है लेकिन मरने से पहले सोचता हूँ...शादी कर लूँ।

डॉ. नसीर : बिल्कुल। क्यों नहीं! तुम जैसे होनहार नौजवान को लड़कियों की क्या कमी...

गुल्ला : *(बात काटकर)* लड़की मैंने चुन ली है।

डॉ. नसीर : *(उसके कन्धे पर शाबाशी देते हुए)* ये हुई न बात! चलो इसी बात पर मुँह मीठा कराते हैं तुम्हारा। ज़रा मिस्री ले आऊँ। *(चलने लगते हैं।)*

गुल्ला : पूछेंगे नहीं लड़की कौन है?

डॉ.नसीर : *(रुककर पलटते हैं)* कौन है?

गुल्ला : आपकी बेटी शाहाना। *(स्वगत)* जिससे निकाह करना मेरे बचपन का ख्वाब है। अब तक कमज़ोर था...कह न सका...

डॉ. नसीर : *(खुद को सँभालते हुए मगर खुशी ज़ाहिर करने का अभिनय करते)* अरे वाह...हाँ हाँ, क्यों नहीं...भई कोई परेशानी ही नहीं है इसमें...

गुल्ला : अब आप जैसा कहें...चाहें तो कल ही निकाह पढ़ा जा सकता है।

डॉ. नसीर : *(घबराकर)* देखो तुम इस घर में बेटे की तरह रहे

हो...अब दामाद बनने वाले हो...मुझे...मुझे...हफ्ते-भर का वक़्त दो...मैं कुछ...

गुल्ला : ठीक है...फिर अगली जुम्मेरात को आऊँगा और जुम्मे के रोज़...निकाह।

डॉ. नसीर : ठीक...बिल्कुल ठीक।

गुल्ला : चलता हूँ...ख़ुदा हाफ़िज़।

डॉ. नसीर : ख़ुदा...

(गुल्ला तेज़ कदमों से प्रस्थान करता है और डॉ. नसीर ठगे से उसे जाते हुए देखते रह जाते हैं।)

(फ्लैश बैक समाप्त)

दृश्य चौदह

[डॉ. नसीर लौटकर राज के पास आकर तने पर बैठ जाते हैं और किनारे रखी अपनी चाय उठाकर एक बड़ा-सा घूँट भरते हैं।]

राज : *(घबराकर)* ये क्या कह रहे हैं आप! फिर तो...अगली जुम्मेरात को जब गुल्ला आया तो?

डॉ. नसीर : कैसी बात करते हो राज...अगली जुम्मेरात तक वहाँ टिकता कौन!

राज : *(हैरान होकर)* क्या?

डॉ. नसीर : हाँ राज, उसी रात नफ़ीसा और शहाना को लेकर मैं पौ फटने से पहले ही जम्मू के लिए रवाना हो गया...हमेशा के लिए...

राज : डॉक्टर साहब...आप भी!

डॉ. नसीर : *(दुःखी स्वर में)* हाँ राज, मैं भी...सारे रास्ते तुम्हारा खयाल ज़हन में चक्कर लगाता रहा था। ठीक कहा था तुमने कि अभी ए के फौर्टीसेवन का रुख आपकी तरफ नहीं हुआ है। हाँ राज, ठीक कहा था...और जब मेरी तरफ हुआ तो मैं...मैं तो एक रात भी वहाँ न टिक सका।

राज : बहुत अफ़सोस की...

डॉ. नसीर : *(आवाज़ में उदासी नहीं है)* नहीं राज, अफ़सोस मुझ पर नहीं पूरी वादी के हालात पर होना चाहिए। शक्ल बदल गयी हमारी वादी की...ये ए के फोर्टीसेवन ज़ात नहीं देखती, मज़हब नहीं देखती...सिर्फ़ दहशत का खून से पुता मुस्कराता चेहरा देखना चाहती है...सिर्फ़ दहशत का चेहरा!

राज : तो आप भी जम्मू में ही थे इतने साल?

डॉ. नसीर : नहीं, मैं दिल्ली आ गया था...अब खबर मिली है कि

लड़ाई में गुल्ला मारा गया है...इसलिए घर लौट रहे हैं।

राज : *(खुशी से भीगी आवाज़ में)* सच...ये तो खुशी की बात है...*(खड़ा हो जाता है)* आप घर लौटेंगे...भला इससे मुबारक बात और क्या होगी?

डॉ. नसीर : हाँ राज, सच! वो मकान अब दो साल बाद आबाद होगा...घर बनेगा।

राज : हाँ, आबाद होगा वो मकान *(दुःख में डूबकर)* और वो साथ वाला मेरा मकान! अगर पौधे सूख रहे हों तो पानी डाल दीजिएगा...कभी-कभी...

डॉ. नसीर : *(राज के कन्धे पर हाथ रखकर)* राज, अब तुम भी लौट चलो।

राज : कहाँ?

डॉ. नसीर : घर...अपने घर।

राज : *(दुःख के साथ)* घर! अब तो लगता है...घर का एहसास भी खत्म हो जाएगा किसी दिन...*(अचानक सँभलकर)* चलिए आपको मुबारक हो *(हाथ मिलाता है)* चलता हूँ...रूपा इन्तज़ार करती होगी।

डॉ. नसीर : *(पुकारकर)* राज...अरे राज...*(ठहरकर)* अब समझ पाता हूँ तुम्हें राज...महसूस कर पाता हूँ तुम्हें...

(दोनों गले मिलते हैं।)

दृश्य पन्द्रह

[शारिका एक ओर फर्श पर बिछे गद्दे पर बैठी गोशा को स्कूल से मिला होमवर्क करा रही है। सामने गोशा का बस्ता खुला हुआ है। किताबें व कॉपियाँ बिखरी-सी हैं। पास ही कुर्सी पर टाठा जी बैठे हैं। शिबन एक ओर बैठा अपने कपड़ों पर इस्त्री कर रहा है। घर के माहौल में तनाव है। टाठा जी और शिबन में गम्भीर चर्चा चल रही है जो टाठा जी के लिए गुस्से और शिबन के लिए खीझ की शक्ल ले चुकी है। शारिका और गोशा अपना काम तो कर रहे हैं पर ध्यान उनकी बातों की ओर ही लगा है।]

शारिका : हाथ तो बन गया अब पाँव बना इसका।

(गोशा कॉपी में देखते हुए कुछ सोच रहा है।)

बना ना, क्या सोच रहा है...जल्दी कर।

गोशा : *(चिन्तनशील मुद्रा में)* अच्छा ये बताओ, जब हम हाथ की हथेली को हथेली कहते हैं तो पाँव की हथेली को पथेली क्यों नहीं कहते?

शारिका : *(बमुश्किल हँसी को रोके हुए)* पथेली नहीं, उसे तलुआ कहते हैं। तू इधर ध्यान दे...

गोशा : *(शैतानी से)* हँसी क्यों छिपा रही हो?

(शारिका उसे झूठे गुस्से से देखती है। तभी उसका ध्यान टाठा जी की बातों की ओर जाता है।)

टाठा जी : तू जानता है मेरी पेंशन काफी नहीं है इस शहर के लिए।

शिबन : *(खीझकर)* जानता हूँ। कोशिश कर रहा हूँ।

टाठा जी : डॉ. नसीर ने कहा था कि ज़रूरत पड़े तो उनके बहनोई से मिल लेना...क्या पता वो ही कुछ...

शिबन : *(बात काटते हुए व्यंग्य के साथ)* हाँ हाँ...उनके बहनोई से मिल लेना!

(कुछ क्षण रुककर)

आपको कुछ मालूम भी है? सुना है लायज़न करता है वो। हँह...लायज़न...सीधे-सीधे क्यों नहीं कहते दलाली खाता है।

टाठा जी : *(गुस्से से)* तुम्हारा दिमाग...

शिबन : अब यही रह गया है क्या करने को!

टाठा जी : तुम्हारा दिमाग सातवें आसमान पर है...*(कुछ क्षण ठहर कर)* वो तो शुक्र है कि सिर छिपाने के लिए छत मिल गयी। वर्ना...

शिबन : वर्ना क्या? किसी कैंप में रह लेते! हज़ारों रह तो रहे हैं।

टाठा जी : अरे शुभ-शुभ बोल...क्यों सन्ध्या समय ऐसी बात मुँह से निकालता है।

शिबन : सन्ध्या...हँह!

टाठा जी : *(स्वर को संयत करते हुए)* जब तक राज़दान साहब अमरीका में हैं तब तक तो यह कमरा है...फिर तो अपने घर लौट ही जाएँगे

(अन्तिम वाक्य बोलते हुए सुकून महसूस करते हैं और सिर कुर्सी की पीठ से टिकाने लगते हैं। पर शिबन का अगला संवाद उन्हें चैन नहीं लेने देता।)

शिबन : आप ये सपने देखना बन्द करें। घर! कैसा घर? किसका घर? घर लौट जाएँगे! बहुत हुए ये टनल पार के सपने। कुछ नहीं है अपना वहाँ। टनल के इस ओर हैं हम...इस पार।

टाठा जी : *(दुःखी स्वर में)* सपना!

शिबन : और ये आपके राज़दान साहब ने भी कमरा देकर कोई उपकार नहीं किया है। उसे अपने बन्द घर की रखवाली के लिए चौकीदार चाहिए था, सो हम मिल गये।

टाठा जी : *(हैरान व दुःखी होकर)* चौकीदार!

शिबन : हाँ हाँ चौकीदार... इस बेदिल शहर में कौन अपना सामान से भरा घर लावारिस छोड़कर साल-भर के लिए बाहर जा सकता है? चौकीदार ही हैं हम...पता नहीं तनख्वाह क्यों नहीं बाँध गया हमारी!

टाठा जी : *(दुःखी परन्तु संयत स्वर में)* तुम्हारा नहीं तुम्हारी नस्ल का दोष है ये...किसी के उपकार में...भलाई में भी...स्वार्थ ढूँढ़ लेते हो।

(गुस्से में आवाज़ ऊँची हो जाती है)

मैं कहता हूँ उसने कुछ तो किया...तुम क्या कर रहे हो? बोलो... सुबह अखबार बेचते हो और हाँ...नौकरी ढूँढ़ रहे हो...ढूंढ़े जाओ...

(शिबन का चेहरा गुस्से से तमतमा जाता है। वह इस्त्री का काम छोड़ उठ खड़ा होता है।)

शिबन : हाँ हाँ, ढूंढ़ रहा हूँ...कश्मीरी होना एक दिन मेरी बदकिस्मती बन जाएगी...मालूम नहीं था मुझे...

(पैर पटकता हुआ कमरे से निकल जाता है। टाठा जी दुःखी हैं। सिर पकड़ कुछ चिन्तामग्न हो जाते हैं। शारिका और गोशा उन्हें देखते हैं। फिर वे उठते हैं और पानी पीने रसोई में जाते हैं। एक घूँघट पानी पीकर वे जूते में पाँव डालते हैं और कमरे से बाहर की ओर चलते हैं।)

टाठा जी : *(दरवाज़े की ओर मुख किये हुए ही)* आता हूँ अभी...

(शारिका उनकी ओर देखती रहती है। वे निकल जाते हैं। वह भी कुछ सोचने लगती है। गोशा अपनी कापी में रंग भर रहा है। शारिका दुःखी हो उठती है और टहलने लगती है। तभी उसे पार्श्व से दर्दभरी बाँसुरी की आवाज़ सुनाई देती है।)

शारिका : *(स्वगत)* फिर वही बाँसुरी की धुन...दर्द में भीगी...पहाड़ी और विहाग...शाम सात बजे होंगे...न जाने कौन है जो रोज़ बजाता है इस वक़्त। और ये आवाज़ दूर से बहती हुई खोज ही लेती है मुझे मेरे दर्द के साये में...

गोशा : दिद्दा...दिद्दा...

शारिका : *(चौंककर)* हाँ, बोलो!

(गोशा ड्राइंग कॉपी एक ओर रख लेट जाता है। शारिका उसके पास जाती है। उसके बालों पर हाथ फेरती है।)

गोशा : दिद्दा...

शारिका : हाँ बेटा।

गोशा : कोई कहानी सुनाओ न!

शारिका : अभी नहीं...खाना खाकर।

गोशा : नहीं...अभी।

शारिका : नहीं...अभी सुनाऊँगी तो सो जाओगे।

गोशा : नहीं प्लीज़...नहीं सोऊँगा सच...सुनाओ ना प्लीज़। कल जो कहानी तुम सुना रही थीं उसमें एंड में क्या हुआ? बताओ न दिद्दा क्या हुआ?

शारिका : कल...?

गोशा : वो गरीब बुढ़िया वाली जिसका एक बेटा था। उसने राजकुमारी से शादी करने की ज़िद्द ठान ली थी। वह घर छोड़कर राजमहल की ओर जाने लगा...पर उसके बाद मैं सो गया था...फिर क्या हुआ?

शारिका : *(कहानी में खोते हुए)* फिर ऐसा हुआ कि उसकी माँ ने कहा, तू राजमहल मत जा क्योंकि अभी कोई फ़ायदा नहीं होगा।

गोशा : अभी?

शारिका : हाँ...माँ ने बताया कि एक फ़कीर ने कहा है कि तेरी शादी तो उसी राजकुमारी से होगी मगर तब जब पहाड़ों पर काली बर्फ़ गिरेगी। बेटा खुश हो गया और हर सर्दियों में काली बर्फ़ का इन्तजार करने लगा। माँ भी खुश. .क्योंकि बेटा उसे छोड़कर फिर कहीं गया ही नहीं।

गोशा : फिर?

शारिका : फिर कहानी खतम पैसा हज़म।

गोशा : फिर जब काली बर्फ़ गिरी तो?

शारिका : चल बुद्धू बर्फ़ भी कभी काली होती है? काली बर्फ़ का मतलब होता है अनहोनी, जो कभी होती ही नहीं। समझा!

गोशा : अनहोनी! *(सोचकर)* नहीं दिद्दा तुम्हें नहीं पता...काली बर्फ़ होती है।

शारिका : *(हँसकर)* हाँ होती है तेरी ड्राइंग की कॉपी में।

(उठकर उसकी कॉपी वगैरह सहेजने लगती है।)

गोशा : *(दृढ़ विश्वास के साथ)* नहीं दिद्दा, सच...होती है।

(शारिका गम्भीर दृष्टि उस पर डालती है।)

एक दिन टाठा जी कह रहे थे...मेरे बेटा-बहू मर गये तो क्या! मैं बेघर हो गया तो क्या! अभी काली बर्फ़ नहीं गिरी जो लौटने की आस छोड़ दूँ।

शारिका : *(भीतर तक सहमकर)* रात हो रही है...चल कुछ खा ले...

(रूपा का प्रवेश। चेहरे पर प्रसन्नता।)

रूपा : *(प्रफुल्लित स्वर में)* तूने सुना शारिका?

(शारिका उसकी ओर दृष्टि करती है।)

आज डॉ. नसीर मिले थे इन्हें...बाज़ार में...सुना है कि वो भी दो साल से दिल्ली में थे...*(गम्भीर होकर)* पर जिसके डर से उन्होंने अपना घर छोड़ा था...यहाँ इस परदेसी शहर में रह रहे थे वो...वो गुल्ला...

शारिका : वो गुल्ला?

रूपा : वो गुल्ला मर गया।

(शारिका और रूपा एक-दूसरे की ओर देखती हैं। उनकी नज़रें एक-दूसरे से न जाने क्या-क्या कह जाती हैं। गोशा कन्धे उचकाता वहाँ से प्रस्थान करता है।)

गोशा : गुल्ला मर गया! गुल्ला मर गया! *(प्रस्थान)*

रूपा : शारिका!

(पास जाकर शारिका के गले से लग जाती है। गला रुँध जाता है।)

शारिका...वो घर लौट रहे हैं...उनका गुल्ला तो मर गया...हमारा गुल्ला कब मरेगा? *(रोने लगती है)* कब मरेगा गुल्ला...कब मरेगा?

(शारिका उसे थपथपाती है। उसकी भी आँखें नम हैं। फिर वह अलग हट मंच पर सामने आती है मानों कुछ सोच रही हो। रूपा उसे हैरानी के साथ देख रही है।)

शारिका...क्या हुआ शारिका?

शारिका : जानती है बहना...कई सालों से मैं अक्सर एक सपना

देखती हूँ...बार-बार वही सपना...

रूपा : सपना...कौन-सा सपना?

(शारिका अपने सपने में खोई हुई बोलती चली जाती है।)

शारिका : एक हरियाली घाटी है जिसमें ढेरों मेमने हैं...सफेद, काले, भूरे, चितकबरे...मेमने ही मेमने...तभी अचानक *(मंच पर घूमते हुए)* घाटी में चारों ओर बर्फ़ से ढके पहाड़ उगने लगते हैं...धीरे-धीरे *(दौड़ते हुए)* यहाँ भी...वो उधर वहाँ भी...ऊँचे होते चले जाते हैं वे पहाड़...पर अपना रंग भी बदल रहे होते हैं...

(आवाज़ गम्भीर होती है)

वो सफ़ेद पहाड़...पहले सुरमई होते हैं...फिर स्याह और फिर काले...बिल्कुल काले।

रूपा : *(घबराकर)* शारिका...तू...

शारिका : *(उसकी बात बिना सुने)* फिर दूर धूँधलके में कोई आकृति उभरती है जिसके हाथों में ढेरों हरी पत्तियाँ हैं...आकृति दो हिस्सों में बँट जाती है...पत्तियाँ भी दो अलग-अलग हिस्सों में बँटकर अलग-अलग रास्तों पर जाती दिखाई देती हैं...

रूपा : शारिका, तू बैठ जा...सुन...

शारिका : मेमने उनका पीछा करते हैं...वे भी दो अलग-अलग रास्तों में बँट जाते हैं...मैं घबरा उठती हूँ...चीखती हूँ...*(सपने की चीख का अभिनय करती है)* सुनो ठहरो...वहाँ मत जाओ...तुम बँट रहे हो...रुको...मैं कहती हूँ रुको...मेरी बात सुनो...*(हाँफने लगती है)* दौड़ते-दौड़ते मैं भी दौराहे पर पहुँचती हूँ...अब...अब किस ओर जाऊँ? क्या मैं भी बँट जाऊँ?

(सिहरन के साथ)

बँटना यानी दो हिस्से। *(दौड़ती हैं)* नहीं...मैं वापस लौटूँगी...नहीं...

रूपा : शारिका तुझे ये क्या...तू ठीक तो...

शारिका : ये हरियाली काई में क्यों बदल रही है...नहीं...इस काई पर

अकेली मैं...नहीं *(सहमी आवाज़ में)* तभी मैं देखती हूँ कि...नहीं...नहीं...सुनती हूँ...एक आवाज़...दूर से आती एक भारी आवाज़ *(अभिनय करके)* बर्फ़ काली नहीं पड़ी है...पलट कर देखो बर्फ़ काली नहीं है।

(तेज़ी से पलटकर)

मैं पलटती हूँ...देखती हूँ...हाँ सच...उस पहाड़ की चोटी से रूई-सी सफ़ेद बर्फ़ झाँकती दिखाई देती है।

(क्षण भर को खामोश होती है। फिर फुसफुसाकर)

वो आवाज़ फिर आती है। *(अभिनय करके)* देखा...ये तो ऊपर से उँडेला गया रंग था...नीचे की बर्फ़ तो उतनी ही सफ़ेद है और साफ़ भी...एक बारिश... काफ़ी है...बस एक बारिश...तभी मेमने भी लौट आएँगे। लौट आएँगे...

(रूपा शारिका की हालत देख घबरा-सी जाती है।)

रूपा : राज...राज...टाठा जी...दखो...देखो...शारिका...

शारिका : मेमने लौट आएँगे...बर्फ़ काली नहीं है। काली बर्फ़ नहीं गिरी है...काली बर्फ़ नहीं...

(भीतर से राज, टाठा जी व शिबन दौड़ते आते हैं, घबराए से और रूपा के साथ मिलकर शारिका को घेर-सा लेते हैं। अन्त में गोशा दौड़ता आता है और स्थिति देख शारिका से लिपट जाता है।)

टाठा जी, शिबन, राज : शारिका!

गोशा : दिद्दा! *(शारिका से लिपट जाता है।)*

शारिका : *(गोशा को बाँहों में घेरकर उसका चेहरा अपनी ओर उठाकर)* काली बर्फ़ नहीं गिरी गोशा...काली बर्फ़ नहीं गिरी...

(शारिका बीच में है। गोशा उसके साथ, उसकी ओर देखते हुए। शारिका भी गोशा की ओर देख रही है। अन्य सभी हैरान हैं। सब मूर्तिवत हो जाते हैं यानी दृश्य फ्रीज़ हो जाता है। पार्श्व से कविता की पंक्तियाँ उभरती हैं—)

काली बर्फ़ है नाउम्मीदी
चारों तरफ अँधेरा ज्यों हो।
पूछे कल का नन्हा राही
गिरी क्या ऐसी बर्फ़ बताओ?

कहा आज ने कल है तुम्हारा
उजला करके इसे सँवारो।
इसे निखारो, इसे सजाओ
उजला करके इसे सँवारो।

समाप्त